Le Tarot
numérologique

De la même auteure, chez le même éditeur

Se relier aux astres et aux nombres pour faire les bons choix de vie, 2025.
La Numérologie amoureuse, 2025.
Le Pocket Oracle de la numérologie – coffret, 2024.
L'Immense Pouvoir du voyage astral, 2024.
Mon Journal de numérologie, 2024.
Le Petit Oracle de madame et de monsieur – coffret, 2024.
Les Missions d'âmes dans l'au-delà, 2023.
Les Mandats d'âmes célestes avec la numérologie, 2023.
Mon Chemin d'âme sur Terre avec la numérologie, 2023.

Illustrations : © Marion Blanc.
Maquette et mise en pages : Marie Brosseau – PCA-CMB.

ISBN : 978-2-36188-848-0

Imprimé en Chine.

www.editions-tredaniel.com
info@guytredaniel.fr
www.facebook.com/tredanieleso
@tredaniel_eso

Alexandra Gabriel
Illustré par Marion Blanc

Le Tarot numérologique

ÉDITIONS
EXERGUE
27, rue des Grands-Augustins
75006 Paris

Sommaire

Introduction 9

Les arcanes majeurs

Le 0 et le 22 pour le Fou 19
Le 1 et le Magicien 23
Le 2 et la Papesse 26
Le 3 et l'Impératrice 29
Le 4 et l'Empereur 32
Le 5 et le Pape 35
Le 6 et l'Amoureux 38
Le 7 et le Chariot 41
Le 8 et la Justice 44
Le 9 et l'Hermite 47
Le 10 et la Roue de Fortune 51
Le 11 et la Force 54
Le 12 et le Pendu 58
Le 13 et la Mort 61
Le 14 et la Tempérance 65

Le 15 et le Diable 68
Le 16 et la Tour 71
Le 17 et l'Étoile 75
Le 18 et la Lune 78
Le 19 et le Soleil 82
Le 20 et le Jugement 85
Le 21 et le Monde 89

Les arcanes mineurs

Les Bâtons 97

As de Bâtons 98
Deux de Bâtons 100
Trois de Bâtons 102
Quatre de Bâtons 104
Cinq de Bâtons 106
Six de Bâtons 108
Sept de Bâtons 110
Huit de Bâtons 112
Neuf de Bâtons 114
Dix de Bâtons 117
Le 33 et le Valet de Bâtons 119
Le 34 et le Cavalier de Bâtons 121
Le 35 et la Reine de Bâtons 124
Le 36 et le Roi de Bâtons 126

Les Coupes 129

As de Coupes 130
Deux de Coupes 132
Trois de Coupes 134
Quatre de Coupes 136
Cinq de Coupes 138
Six de Coupes 140
Sept de Coupes 142
Huit de Coupes 144
Neuf de Coupes 146
Dix de Coupes 148
Le 47 et le Valet de Coupes 150
Le 48 et le Cavalier de Coupes 153
Le 49 et la Reine de Coupes 156
Le 50 et le Roi de Coupes 159

Les Épées 163

As d'Épées 164
Deux d'Épées 166
Trois d'Épées 168
Quatre d'Épées 170
Cinq d'Épées 172
Six d'Épées 174
Sept d'Épées 176
Huit d'Épées 178

Neuf d'Épées 180
Dix d'Épées 182
Le 61 et le Valet d'Épées 184
Le 62 et le Cavalier d'Épées 186
Le 63 et la Reine d'Épées 188
Le 64 et le Roi d'Épées 190

Les Deniers 193

As de Deniers 194
Deux de Deniers 196
Trois de Deniers 198
Quatre de Deniers 200
Cinq de Deniers 202
Six de Deniers 204
Sept de Deniers 206
Huit de Deniers 208
Neuf de Deniers 210
Dix de Deniers 212
Le 75 et le Valet de Deniers 215
Le 76 et le Cavalier de Deniers 217
Le 77 et la Reine de Deniers 219
Le 78 et le Roi de Deniers 222

À propos de l'auteure 225

À propos de l'illustratrice 227

Introduction

Puisque les nombres traduisent le langage du monde depuis la nuit des temps, il n'y avait aucune raison pour que le célèbre tarot de Marseille échappe à la règle et reste en marge de la magie des nombres.

Depuis bien longtemps maintenant, le tarot et les oracles me fascinent, et à chaque fois que je suis face à un paquet de cartes je me demande toujours ce qui a bien pu amener son créateur à attribuer tel nombre plutôt qu'un autre à une carte en particulier.

À l'évidence, le charismatique tarot de Marseille détient lui aussi quelques pépites secrètes sur le sujet. Lorsque j'ai commencé à m'y intéresser de près, les découvertes que j'ai faites se sont révélées fascinantes et détonantes d'informations toujours plus riches. C'est donc de cet enthousiasme que j'ai eu envie, en toute humilité, de revisiter les principes du tarot dans l'espoir de vous offrir de nouveaux éclairages subtils et précieux grâce à la numérologie.

Le but ici est donc de comprendre comment la valeur ajoutée d'un nombre vient renforcer le message de la carte et le rôle clef que le nombre en question joue dans l'appréhension du message de l'arcane en question.

Vous allez ainsi découvrir avant tout dans ce livre la perspective dans laquelle la numérologie vient soutenir et sûrement sous certains aspects attirer une nouvelle attention sur les messages du tarot de Marseille.

Aussi, vous verrez qu'en fonction de chaque carte les principes élémentaires relatifs à la vibration de chaque nombre varient selon qu'ils soient bien aspectés ou qu'ils représentent un challenge à relever, un piège à éviter. Pour ma part et dans ma façon d'appréhender le tarot, indépendamment de la pratique communément admise, je ne lis pas les cartes à l'envers. Toutefois, si cela fait partie de votre façon de procéder, bien évidemment, vous êtes alors libre de lire le message des cartes avec cette notion d'aspect renversé.

Principes élémentaires et vibration des nombres

Afin que vous puissiez appréhender et comprendre la force de la numérologie et le rôle qu'elle joue dans le tarot, voici quelques éléments clefs pour vous familiariser avec les principes élémentaires de chaque nombre :

Les chiffres de 0 à 9

0

Il n'est pas du tout le néant en numérologie… Bien au contraire, c'est la source du tout. C'est la matrice. Il n'y a pas de limite avec le zéro. Tous les espoirs, tous les possibles sont grand ouverts.

À noter que, quand il se trouve à droite ou à gauche d'un autre nombre, il décuple et embellit le potentiel de celui-ci en le tirant vers le haut pour révéler sa perfection.

1

Aspects brillants: confiance, courage, résilience, réussite, détermination.

Aspects dissonants: despotisme, égoïsme, égocentrisme, arrivisme.

2

Aspects brillants: couple, duo, union, alliance, communion, sensibilité, figure féminine et maternelle.

Aspects dissonants: dualité, séparation, soumission, dépendance affective, fragilité.

3

Aspects brillants: communication, joie, créativité, plaisir, candeur.

Aspects dissonants: vice, mensonge, trahison, manipulation, luxure.

4

Aspects brillants: construction, fiabilité, travail, efforts récompensés, opiniâtreté, honnêteté, figure paternelle.

Aspects dissonants: psychorigidité, dureté, enfermement, blocages, lenteur, avarice.

5

Aspects brillants : liberté, diversité, variété, curiosité, ouverture, croissance.

Aspects dissonants : anarchie, indomptabilité, éparpillement, excès, impulsivité.

6

Aspects brillants : amour, harmonie, solidarité, bienveillance, sens de la famille et des responsabilités, vibration des grands-mères.

Aspects dissonants : mesquinerie, toxicité, médisance, conflit, jalousie.

7

Aspects brillants : réflexion, intelligence, équilibre psychique, savoir, foi, intuition, vibration des grands-pères.

Aspects dissonants : torture mentale et psychique, névroses, angoisses, anxiété.

8

Aspects brillants : pouvoir, réussite matérielle et spirituelle, bon karma, ancêtres, vies antérieures.

Aspects dissonants : chaos, destruction, mauvais karma.

9

Aspects brillants : don inconditionnel, empathie, tolérance, intégrité, humanité, sagesse.

Aspects dissonants : cruauté, froideur, solitude, amertume.

Les maîtres nombres

11

Aspects brillants : visionnaire, mentor, force en puissance, compagnon de bonne fortune, triomphe.

Aspects dissonants : hystérie, narcissisme, colère.

22

Aspects brillants : architecte dans l'âme, socle, pilier indestructible, promesses tenues, réalisations extraordinaires.

Aspects dissonants : inertie, enfermement, manque d'engagement, stérilité.

33

Aspects brillants : humaniste dans l'âme, artisan du bien, sens de la communauté.

Aspects dissonants : absence de conscience et de considération, coups bas.

Nota bene: Nous ne parlerons pas du 44 ici, car nous n'en aurons pas besoin pour le tarot. Mais pour comprendre sa vibration, je vous invite à vous référer à mes différents ouvrages notamment *Mon Chemin d'âme sur Terre avec la numérologie*.

Le principe de la réduction théosophique

La réduction théosophique consiste à additionner les chiffres qui composent un nombre et les réduire pour arriver à une vibration à un chiffre.

Lorsque nous aborderons les arcanes qui sont composés de deux chiffres pour constituer un nombre, nous prendrons en considération non seulement l'énergie de chaque chiffre qui le compose, mais aussi la résultante.

Par exemple, si je considère la carte de l'Étoile qui porte le 17, je vais m'atteler à regarder la signification du 1, du 7 puis de l'alliance des deux chiffres en les additionnant : 1 + 7 = 8 pour pouvoir aller plus loin dans l'interprétation du message de la carte de l'Étoile. Pour étudier la vibration de l'Étoile et pourquoi le 17 lui est attribué dans le tarot, je prendrai tous ces paramètres numérologiques en compte.

Nota bene: les maîtres nombres 11, 22 et 33 ne se réduisent pas. Par exemple, pour le 47 qui sera associé au Valet de Coupes, il convient de procéder au calcul suivant : 4 + 7 = 11. On ne fait surtout pas 1 + 1 = 2. Non ! Ici on est bel et bien sur la vibration du 11 et non celle du 2. Même principe pour le 22 et le 33 !

Les arcanes majeurs

À travers les arcanes majeurs, nous allons découvrir l'histoire d'un personnage haut en couleur, le Fou. Après tout, quoi de plus normal, puisque c'est à partir de lui que tout commence étant donné qu'il arbore fièrement le 0 et le 22 aussi parfois, mais nous découvrirons pourquoi grâce à ce tarot numérologique. Nous voilà donc dans le vif du sujet avec ce personnage qui va partir non seulement à la rencontre et à la découverte du monde et de ses principes, mais aussi de lui-même. Ces arcanes majeurs viennent donc nous raconter l'histoire d'un personnage emblématique qui ne manque pas de ressources. Il va se confronter à plusieurs autres personnages sur son chemin qui vont l'amener à réfléchir et à se positionner face aux autres et sur les grandes questions de l'existence. Ce personnage est matérialisé par le Fou et je sais qu'à la lecture de ces quelques lignes quelque chose vient déjà de se réveiller en vous pour vous murmurer : *« Et si ce personnage, c'était moi ? »*

Le 0 et le 22 pour le Fou

Si le Fou est accompagné du 0, ce n'est pas pour rien. Il a parcouru le monde et revient chargé de toute l'expérience que ce dernier lui a offerte. On pourrait croire que, en disant qu'il repart de zéro, il part de rien, mais ce ne serait pas tout à fait juste, car le zéro représente l'infinitude exponentielle et le Fou ne l'est pas tant que ça... On le dénomme ainsi, car il a de quoi déstabiliser son entourage et faire perdre la raison à quiconque le côtoie de près ou de loin. Son flegme et cette confiance inébranlable qu'il a en la vie, cette propension à toujours avoir le tour qu'il faut dans son sac viennent de son expérimentation complète et aboutie de toutes les situations de vie, car on le sait, le 0 renferme tous les autres nombres en lui, et c'est donc pour cette raison que, lorsque le Fou se présente avec le 0, il a un temps d'avance sur tout, car il connaît la genèse, le déroulement et l'aboutissement de toute chose.

Ainsi, ne vous y trompez pas et ne le jugez pas selon les apparences. S'il y a bien un piège dans lequel le Fou vous invite à éviter de tomber, c'est celui-ci : ne jugez pas de prime abord, car les impressions sont parfois trompeuses. S'il feint l'ignorance, c'est parce qu'il sait, s'il feint le manque d'expérience, c'est qu'en réalité il est initié. S'il feint la paresse, c'est qu'en vérité il a déjà tout exécuté. Il n'a aucune crainte et aucune appréhension, quelles que soient les situations, car elles sont déjà dans son bagage que ce soit de cette vie ou d'une incarnation précédente et son âme d'enfant mature en a bien conscience ! Rien de ce que la vie présente n'a de secret pour lui. C'est ce qui lui donne le pouvoir de modifier la réalité à sa guise à tout moment. Vous le trouverez sans doute un peu goguenard et vous pourriez avoir raison, mais encore une fois, abstenez-vous de juger, il a eu affaire à toutes les réactions et suscité toutes les émotions et tous les sentiments aussi divers que variés de la part de son prochain. Ainsi, cela n'a rien d'outrageant. Si son visage espiègle vous sourit, c'est parce qu'il sait très bien ce que vous pensez, ressentez et expérimenterez dans ce zéro, matrice protectrice de l'Univers par excellence.

Vous auriez tout intérêt à lui emboîter le pas, car il se pourrait que cette aventure que vous redoutiez se révèle être l'expérience de votre vie !

En se présentant sous le 22, il vous encourage plus grandement à donner un sens concret à vos rêves et éviter de perdre du temps à fantasmer votre vie, mais plutôt la vivre telle que vous l'aviez programmée dans votre incarnation. Le 22 implique une grande responsabilité pour construire de façon pérenne et éviter de saborder, déconstruire ce qui nous a réussi par le passé.

Le cadeau du O pour le Fou: sa possibilité à lui faire découvrir de nouvelles ressources insoupçonnées, car il n'y a pas de limite, ni de début ni de fin avec le zéro.

Le défi du O pour le Fou: la peur et la procrastination.

Le cadeau du 22 pour le Fou: permettre à celui qui se lance dans des projets de grande envergure de croire en sa valeur et en la force de la pierre qu'il a à apporter à l'édifice qu'est la vie.

Le défi du 22 pour le Fou: prendre garde à ne pas devenir inoubliable pour de mauvaises raisons.

Le 1 et le Magicien

Notre Fou est désormais à l'orée d'un nouveau projet ici et maintenant, dans la magie de l'instant de ce moment de vie unique et inestimable. Il a changé de costume et il est devenu le Magicien. S'il a choisi de se manifester dans votre tirage avec le 1, c'est parce que ce nombre est la représentation du principe de création de toute chose. C'est le créateur, le pionnier qui pousse celui qui en est animé à sortir des sentiers battus. Sa ressource clef: la confiance issue de cette foi inébranlable qu'il a en la vie mais aussi en sa capacité à aller de l'avant, car, même s'il dispose d'une confiance à la limite de l'arrogance ou de l'insolence, il sait qu'il part pour une terre promise et, pour lui, il n'est pas question d'en repartir sans le trophée. C'est ça, le 1: le culte de la victoire et l'ambition d'aller plus loin et de continuer à s'émerveiller, et ce faisant, émerveiller les autres sans l'avoir cherché. Le 1 est dans l'action et au fur et à mesure qu'il crée, qu'il vit, il crée sa magie.

Dans cette posture, le Magicien est à la fois l'élève et le professeur, car il est celui qui fait confiance à son inspiration et son envie de se réaliser grandement pour explorer ce qui ne l'a jamais été auparavant, et à mesure qu'il découvre, il enseigne et ouvre la voie par la concrétisation de son expérience. Il va de l'avant et il n'a pas froid aux yeux, car son credo, c'est l'action et l'accomplissement. Le courage est son compagnon de route et pour lui les obstacles ne sont pas insurmontables, car le goût de la victoire est plus fort et vaut bien tous les détours du monde. Il a à sa disposition de multiples outils et instruments dont il ne sait peut-être même pas se servir mais il en a besoin, car il a quelque chose d'insolite à créer et il en découvrira l'utilité au fil de son périple. Sa panoplie est à la fois moderne et anachronique, car il part de l'ancien pour créer le nouveau. Il mélange les genres, on ne sait pas très bien ce qu'il concocte et lui non plus d'ailleurs. La seule certitude qu'il a est qu'il en ressortira une recette unique. Son domaine d'expertise en matière d'insolite n'est plus à prouver, il est le premier à sortir du zéro, de cette matrice protectrice, et donc le savoir inné est encore tout frais et palpable dans son esprit.

Le cadeau du 1 pour le Magicien : la capacité à la fois à déconcerter, émerveiller, mais au final la victoire n'étant pas une option, si on accepte le jeu de la vie, la partie est déjà gagnée.

Le défi du 1 pour le Magicien : ne pas craindre l'originalité, même si on est conspué.

Le 2 et la Papesse

Après la ferveur des débuts peut venir le doute. C'est pour cette raison qu'au cours de son épopée le fou va rencontrer l'arcane de la sagesse, car sous le feu de l'action et de l'enthousiasme d'un début il aura pu mettre de côté ses sentiments et émotions les plus profondes. C'est donc à ce moment-là que la Papesse se trouve sur son chemin. Elle est présente pour lui expliquer avec sagesse et pragmatisme que l'équilibre émotionnel de toute chose est le début d'une nouvelle philosophie de vie et que la sphère affective de tout individu ne saurait être ignorée, qu'il s'agisse de la sienne ou de celle d'autrui.

Le 2 nous parle des origines et des motivations émotionnelles de toutes les décisions que l'on prend mais aussi de la sphère imaginaire.

Faire un choix aligné ou à contrecœur ouvre une perspective totalement différente sur la poursuite de notre destinée. La Papesse est présente pour révéler cette dualité qu'on refuse de voir, et les questions qu'elle nous invite à nous poser sont les suivantes : êtes-vous véritablement prêt à percer le mystère du secret des dieux ? Quelle partie de vous ressent encore le besoin de rester dans l'ignorance ? N'y a-t-il pas un aspect bienfaiteur à ne pas saisir encore tout à fait la teneur de ce que votre âme sait déjà ?

Avec le 2, une partie de vous souhaite savoir alors que l'autre souhaite rester dans l'ignorance. Avez-vous peur que vos chimères prennent fin ? Craignez-vous de devoir assumer la réponse ? Avez-vous aussi imaginé dans certaines situations que le 2 pouvait être présent pour vous révéler que vos intuitions sont justes, mais que votre part d'humanité n'est pas encore tout à fait prête à recevoir ce qui est et surtout l'incarner ? Une partie de vous lutte contre l'évidence et vous plonge en porte à faux vis-à-vis de vos choix et actions, et la Papesse est présente pour vous aider à sortir de cette dualité.

Si l'heure n'est pas encore aux grandes révélations, c'est qu'il vous faut encore intensément ressentir de l'intérieur pour pouvoir le valoriser dans la vérité du cœur et le partager en toute authenticité avec l'extérieur. Les choix mûrissent au gré de l'expérience et l'intelligence émotionnelle se révèle. Avec le 2 et la Papesse, vous disposez de temps pour réfléchir pour sortir de cette dualité et aller vers cette harmonie. Lorsque cette maturité aura atteint son apogée, vous ne pourrez plus dire que vous ne savez pas et, même si vous ignorez ce qui vous est caché, votre âme sait déjà. Elle attend juste que votre humanité se décide à se délier de ce qui l'entrave.

Le cadeau du 2 pour la Papesse: le mystère et les secrets ont leur raison d'être. Si un doute persiste et que quelque chose vous est caché, c'est justement parce que le 2 préserve et protège votre cœur.

Le défi du 2 pour la Papesse: le doute est l'ennemi du bien lorsqu'il contrarie ou pervertit les intentions véritables du cœur.

Le 3 et l'Impératrice

Avec la grâce et la candeur de cette beauté qui la caractérise, les atouts de séduction de l'Impératrice sont sans égal. Emblème de la fertilité et de la créativité, c'est bien aussi ce qui caractérise le 3. Tous deux se trouvent ainsi lotis des vertus du charme et ont cette aptitude à convaincre et séduire naturellement. Avec eux, pas besoin de paraboles, ni de trop longs discours, leurs atouts opèrent également dans le non verbal. Leur pouvoir de séduction repose sur cette candeur envoûtante qui est la leur et qui est susceptible d'animer en nous un feu de joie et de volupté. L'Impératrice et le 3 l'ont bien compris et forment ainsi un duo empreint de sensualité et d'authenticité invitant à se livrer aux luxuriantes richesses et ressources qu'offre une vie sur Terre sans modération, puisque la réalité épicurienne ne saurait être négligée. Même lorsque le non verbal est de mise dans tout ce qui ne se dit pas. Le 3 et l'Impératrice sont convaincants autant par les mots que par les suggestions infiniment immenses de leur silence.

Puisque le 3 révèle aussi la créativité à travers le principe de la trinité, l'Impératrice représente également la gestation, qu'il s'agisse de la naissance d'une vie humaine ou d'un projet. Toutefois, elle préconisera d'apporter un soin particulier aux prémices de cette nouveauté, car si le 3 nous parle de manifestation, il peut aussi se révéler fragile de par son innocence et sa naïveté. Ainsi, une protection est nécessaire pour préserver la saveur et l'essence originelle de la création à venir, mais surtout pour la partager avec le reste du monde dans son authenticité la plus singulière sans qu'elle n'ait été altérée. Le 3 est le premier chiffre qui nous met au contact du plaisir et qui évoque ce partage. Ainsi, pour le 3, il n'y a pas de limite, aucune restriction et l'hédoniste épicurien qu'il incarne à lui seul fait de l'abondance son fer de lance. Le 3 part du principe qu'il n'y a que dans l'échange et le partage que nous pouvons créer de grandes choses, et l'Impératrice est une figure représentative de cette richesse.

Aussi, puisque le 3 parle de créativité et inspire donc les nombreux artistes qui l'incarnent souvent, il va de soi que l'Impératrice avec les atouts qui sont les siens incarne souvent la muse et les fantasmes qui peuvent s'y rattacher.

Le cadeau du 3 pour l'Impératrice: la séduction et le charme inné. Sur le principe de l'authenticité, il n'y a rien qui ne saurait lui résister.

Le défi du 3 pour l'Impératrice: rester vertueux envers les plaisirs et préserver leur pureté afin de ne pas les transformer en vice ou en luxure.

Le 4 et l'Empereur

La structure, la protection, la main de fer bienveillante du sage glissée dans un gant de velours sont autant de caractéristiques qui siéent tant à l'Empereur qu'au 4. Le 4 structure, organise, discipline et impose les limites lorsque cela est nécessaire pour amener l'individu à construire en conscience et éviter les écueils et les égarements inutiles. Il représente les ordres, les institutions et ce qui convient de suivre dans les règles de l'art pour éviter de se perdre sur le droit chemin. Alors, même s'il nous paraît strict et sévère de prime abord, il est avant tout rassurant, ce n'est que pour notre bien et pour établir ou rétablir les fondamentaux de ces mécanismes intérieurs qui façonnent notre construction extérieure afin qu'ils soient pérennes et indestructibles à travers le temps.

Il se veut meilleur conseiller et son rôle est de prévenir plutôt que guérir. Il est le socle, le pilier sur lequel on peut s'appuyer et nous permet de revenir à ce qui est pragmatique quand les émotions sont décousues ou qu'elles prennent le dessus et mènent à la déroute si elles ne sont pas correctement maîtrisées.

L'Empereur et le 4 peuvent paraître taciturnes mais en réalité, s'ils ne parlent pas beaucoup, c'est parce qu'en peu de mots ils disent l'essentiel. Ils symbolisent également le rôle et l'image du père. Ils sont ceux qui restituent l'ordre établi et l'autorité et qui nous amènent à nous interroger sur le bien-fondé de toute chose. Ils interrogent aussi les vertus des nombres précédents et amènent tout un chacun à se poser les bonnes questions pour être sûr de ne pas avoir brûlé une étape, avoir bien pensé à tout, car avec le 4 il est question d'engagement, de parole donnée et à honorer vis-à-vis de soi et des autres. Si le 4 nous confronte souvent à la limite de l'incarnation, c'est parce qu'il est conscient de ce qu'il nous est demandé de faire dans des délais impartis. Avec de l'autodiscipline et du pragmatisme, on s'attellera alors à réaliser la tâche qui est la nôtre avec la plus grande rigueur et dans l'art de la perfection. Le 4 comme l'Empereur sont donc capables de construire un empire à condition de bien s'entourer, de faire les bons choix et de ne rien laisser au hasard. Il est question de savoir établir les bons repères.

Si le 4 peut parfois angoisser, car il contraint l'énergie dans la limite du corps, c'est pour nous prévenir du chaos. Il n'est pas là pour nous affliger mais susciter ce qu'il faut de peur pour devenir soi-même son propre garde-fou. Être capable en toute autonomie de s'arrêter à temps ou justement s'engager sur les chemins qui nous sont destinés représentent les fondamentaux de sa vibration.

Le cadeau du 4 pour l'Empereur : valoriser la force d'un engagement pour qu'il devienne une référence, un édifice à travers le temps et les époques.

Le défi du 4 pour l'Empereur : refuser de construire sur des châteaux branlants. Si ce principe n'est pas respecté, la faux de la Mort représentée par l'arcane 13 qui parle elle aussi du 4 (1 + 3 = 4) balaiera tout sur son passage.

Le 5 et le Pape

Le Pape est l'autorité spirituelle par excellence. Le 5 l'accompagne dans le tarot parce que c'est le chiffre qui illustre aussi le principe de vérité. S'il y en a bien un qu'on imagine dans le secret des dieux, c'est le Pape. Et pour cause, avec le 5, il connaît la richesse, la diversité et toutes les ressources insoupçonnées de l'Univers. Le 5 nous parle de liberté et, avec le Pape, cette notion de liberté doit être envisagée comme une opportunité de faire grandir et croître toutes les graines qui ont été semées en nous depuis la nuit des temps. Avec le 5, on dispose donc d'un libre arbitre qui nous permet de les cultiver comme bon nous semble, et le Pape est présent pour être en quelque sorte le garant de ce qu'il convient de nourrir en soi pour ascensionner vers de meilleurs lendemains. Le Pape est celui qui ouvre toutes les portes et qui lève les verrous et les blocages par sa vertu mais aussi par sa capacité à embrasser la diversité du monde. Il encourage tout un chacun à explorer la vie à travers les cinq sens pour se forger une foi inébranlable. Le 5 nous explique que l'on ne peut savoir qu'à travers l'expérience profonde du ressenti. Le Pape se tient aux côtés du 5, car il se présente comme le chiffre qui va délivrer le commun des mortels de sa condition d'emprisonnement et lui ouvrir de nouvelles voies de compréhension à travers les valeurs du partage, du progrès, le mouvement, la liberté, la croissance. C'est en cultivant la foi qu'on découvre et reconnaît la vérité de toute chose mais qu'on participe également au processus d'évolution de l'humanité et de tout ce qui l'entoure. C'est en acceptant de voir la différence et en nourrissant les vertus de la tolérance pour chaque race, chaque peuple, chaque ethnie, chaque espèce vivante, le monde animal, végétal ou minéral qui fait partie intégrante du processus de création qu'on honore le monde et qu'on apprend les uns des autres. Le Pape serait alors la figure référente de cette ouverture multidimensionnelle et extrasensorielle, et même si par sa confession il représente le christianisme, il nous explique aussi que la foi va au-delà des préceptes religieux qui n'ont pas de frontière et que, quelle que soit notre confession, nous sommes tous frères d'âme et nous avons notre trésor sacré à apporter à l'humanité.

Avec le 5, on tourne son regard vers la diversité des genres et c'est ce principe même qui nous explique qu'il faut de tout pour faire un monde.

Le cadeau du 5 pour le Pape : sa capacité à le rendre plus grand qu'il ne l'est déjà.

Le défi du 5 pour le Pape : ne pas rester enfermé dans des croyances et des principes qui tendent encore et toujours à se développer et se révéler sous un nouveau jour.

Le 6 et l'Amoureux

Si l'Amoureux doute et a du mal à faire confiance à ses sensations et émotions, c'est parce qu'il n'écoute que ce qu'il veut des conseils du 6 et qu'il prête sans doute une trop grande attention à ce que pourraient dire ou penser les autres.

Le 6 vient nous parler de l'entourage, de ceux qui nous entourent dans notre quotidien, des relations affectives et de tout ce qui se vit et se partage dans la sphère du cœur. Le but de ce chiffre est d'atteindre l'harmonie et l'apaisement émotionnel et affectif, mais parfois, cette quête mène à des conflits intérieurs et des conflits d'intérêts. L'Amoureux pourrait nous dire que le cœur a ses raisons que la raison ignore, mais il se perd dans les dédales de ses propres tumultes affectifs, car, même s'il comprend le langage et la vérité des messages de son cœur, il ne les écoute pas forcément et peut faire des choix qui le mèneront à regretter certaines décisions et affecter le cœur de son prochain. Et pourquoi ? Parce que le 6, qui implique aussi le regard des autres, les opinions encenseuses ou affligeantes et autres affections de l'entourage, le qu'en-dira-t-on, la rumeur, amène l'Amoureux à ne vouloir décevoir personne et au final à compromettre les vertus de ce qu'il a de meilleur à offrir avec son cœur qui demeure meilleur conseiller que quiconque. Le 6 détient la source en lui et donc, dans cette sphère qui le forme, on y retrouve toutes les émotions et sentiments de l'Univers.

Ainsi, même si le 6 nous explique que nous sommes forcément amenés à composer avec les émotions des autres, nous n'en restons pas moins responsables des conséquences de nos choix, qu'ils ravissent ou accablent ceux qui nous entourent. Chacun reste responsable de ses propres émotions, mais en réalité, on ne sera jamais plus authentique qu'en faisant les choix justes pour notre cœur et soulager la rumeur sur un instant ne fera qu'accentuer la grogne plus tard si tout n'est pas aligné. Cette harmonie à laquelle tend le 6 ne peut être atteinte qu'en étant sincère et à l'écoute des battements du cœur, n'en déplaise à ceux qui tentent de les contrarier ou de les faire taire.

Aussi, la véritable question que pose le 6 est la suivante : de quel aspect de l'amour avez-vous véritablement peur au point de trahir la voie du cœur ?

Le cadeau du 6 pour l'Amoureux : se donner l'opportunité de s'entourer vraiment.

Le défi du 6 pour l'Amoureux : cessez de faire plaisir aux autres si cela doit desservir vos propres intérêts. L'entourage n'est pas meilleur conseiller, même s'il ne se veut pas forcément malveillant, posez-vous la question suivante : quelle émotion et quel sentiment motivent l'autre à vous donner ce conseil plutôt qu'un autre ?

Le 7
et le Chariot

Voici un arcane qui pourrait poser interrogation lorsqu'on sait que le Chariot symbolise le mouvement et qu'on aurait alors tendance à le voir accompagné de chiffres qui représentent davantage l'action. Mais lorsqu'on sait que le mystère est un des attributs du 7, on devine alors qu'il nous pousse à aller au-delà de ce qui peut être rationnel. Ainsi, même si le chariot nous parle de mouvement et de capacité de conquête pour aller de l'avant, le 7 parle bien plus souvent de réflexion, d'introspection et de lenteur. Mais en étant associé au chariot, ce 7 ne manquera pas de nous surprendre en nous révélant cet autre aspect de son énergie trop souvent oublié : l'instinct. Ici il est question de cet instinct qui pousse à aller de l'avant, même si on ne maîtrise pas ce qu'il adviendra. Le Chariot et le 7 nous poussent alors à aller de l'avant quoi qu'il advienne et se laisser surprendre par ce mouvement qu'on ne saurait arrêter. La seule chose dont on est sûr, c'est que quelque chose de plus grand et de plus fort que nous nous pousse à aller de l'avant et à exécuter ce qu'on s'apprête à accomplir. La synergie de tous les autres nombres s'anime et nous amènera alors à dire : « Je ne sais pas pourquoi je l'ai fait, ce qui m'a poussé à agir ainsi ou dire cela, mais c'était plus fort que moi, il fallait que ce soit ainsi. » Notre âme sait où elle va, même si notre être incarné ne le comprend pas encore. Il n'y a pas de fatalité en soi mais plutôt un alignement avec ce qui devait être fait sans appel le temps d'un instant. Le 7 nous amène alors à comprendre que cette foi et cette confiance, qu'on pourrait qualifier d'aveugle, sont inhérentes à notre expérience forgée dans des temps anciens ou savoirs ancestraux. Si le 7 accompagne le Chariot, c'est aussi pour lui conseiller d'écouter son rythme intérieur et surtout pour le conforter dans l'idée que l'écoute de l'intuition reste la meilleure option. Avec le 7, on ne saurait expliquer les choses parce qu'on les ressent intensément. On sent et ressent avant la manifestation parce que c'est la force de l'esprit et de l'invisible qui monte sur le devant de la scène en premier lieu.

Le cadeau du 7 pour le Chariot : le conduire inéluctablement vers la destinée.

Le défi du 7 pour le Chariot : éviter de tirer sur la bride et prendre le risque de louper un rendez-vous qui ne se représentera sans doute pas une seconde fois avec le destin.

Le 8 et la Justice

Le 8 et la Justice ne perdent pas de temps. Avec eux, c'est sans équivoque. La loi de causalité est implacable. Pythagore disait : « Celui qui sème les graines du meurtre et de la douleur ne récoltera ni la joie ni l'amour. » Le 8 et la Justice sont présents pour vous faire prendre conscience que vos actes et vos intentions croiseront tôt ou tard votre chemin de croix ou vous mèneront aux portes de la gloire. Ce que vous avez semé dans l'atmosphère se récoltera dans la matière et *vice versa*, car le 8 est le chiffre de l'équilibre et de la justice par excellence. Il est celui qui annonce la sentence et qui distribuera les lauriers ou les épines à qui de droit. Si l'on regarde sa forme de plus près, le 8 représente à lui seul la source du tout et la complexité qu'impose une vie dans la matière en tenant compte des préceptes de l'Univers. Sauf que cette source, à un endroit de son parcours, s'est autocorrompue et/ou s'est laissé manipuler de gré ou de force et c'est pour cette raison que le zéro est torsadé. Le 8 donne le pouvoir de transformer les choses par soi, mais c'est souvent lorsqu'on est sur le point de se remettre sur le droit chemin qu'on renonce à la morale. Alors, c'est à ce moment-là qu'intervient la justice de l'homme. Puisque notre zéro, à ce stade, est encore torsadé, il vient nous parler de cette croix qui doit être portée et assumée pour à un moment donné être déliée. Cela signifiera que notre repentir a fait son temps, mais si le 8 de la Justice est de notre côté, alors le 8 s'ouvrira, il touchera l'infini, se redéploiera et redeviendra la source.

La véritable problématique du 8 est donc de trouver cet équilibre et de se fier à ce qui est juste, indépendamment de notre jugement et de nos considérations personnelles. Si ces dernières se révèlent vertueuses, alors le 8 sera de notre côté, mais il nous appartient d'être impartiaux et d'agir en conséquence même lorsque notre ego est désavoué. C'est de cette façon qu'on honore notre karma et qu'on sème les graines de l'abondance pour l'avenir. Le 8 est donc aussi souvent associé à la loi d'attraction, car elle est la réplique parfaite de la loi de causalité. Si quelque chose nous surprend, il y a fort à parier que ce soit une bénédiction ou une dette liée à une ancienne incarnation.

Le cadeau du 8 pour la Justice: le 8 est magnétique et nous accompagne alors rapidement, si on le décide, dans la voie de l'équilibre. Il offre l'opportunité de réparer et de transformer immédiatement une situation qui pourrait mener au chaos.

Le défi du 8 pour la Justice: avec le 8, on ne peut pas dire qu'on ne sait pas, puisque la boucle du haut touche la sphère céleste, celle de la connaissance. Si la peur ou l'angoisse nous saisit, c'est que, pour une fois, elle est peut-être meilleure conseillère dans cette situation, car elle nous prévient de nous préserver de mettre en péril un nouvel équilibre naissant afin d'éviter de se constituer une nouvelle dette karmique.

Le 9 et l'Hermite

Le 9 représente l'aboutissement, la consécration et en quelque sorte la conclusion de toute chose.

Le 9 est passé dans son cheminement par toutes les étapes et les mêmes situations, un peu comme le Fou, souvenez-vous, car une nouvelle fois dans le 9 on retrouve la boucle du 0.

Il a réussi à conjuguer toutes les expériences que lui a proposées la vie pour en tirer les meilleures leçons et c'est pour cette raison qu'il est désormais légitime de les partager. Mais avant de partager ce qu'il a compris avec le reste du monde, l'isolement est de mise. Ainsi, même si le 9 nous parle souvent d'altruisme, de dévouement et d'amour universel, il n'en reste pas moins un chiffre ambivalent sur ses aspirations de partage et ce désir de solitude profonde. Ce n'est que lorsqu'il est parvenu à une certaine maturité et assimilation de ce qu'il a vécu qu'il peut sortir de sa grotte et répandre et resplendir de sa lumière avec les autres. Le 9 et l'Hermite nous disent qu'on est obligé de s'isoler pour vivre intensément et pleinement ce qu'il y a à expérimenter en se préservant du reste du monde afin qu'il n'y ait pas d'interférence et d'avoir le recul nécessaire pour arriver aux conclusions les plus justes. Avec les étapes que traverse le 9, il est question de certaines épreuves qu'on a dépassées. Mais ce que l'on a vécu personnellement et intensément ne peut parfois pas être partagé avec tout le monde pour des questions de pudeur mais aussi par empathie et souci de l'équilibre émotionnel de l'autre. Et c'est bien là la sagesse et la grandeur d'esprit du 9 et de l'Hermite, car ils n'imposent rien mais laissent plutôt l'extérieur se diriger naturellement vers sa lumière. Ils n'ont ni besoin de convaincre ni besoin de conquérir leur prochain. Ils sont plutôt dans l'accueil de celui qui saura repérer cette lumière à l'horizon et viendra pour y trouver le réconfort et le savoir nécessaires à son expérience.

Si le 8 parle de la justice des hommes, le 9 parle de la justice divine qui ouvre la voie à la félicité. Le 9 marque l'avancée dans le temps, l'expérience, la fin de cycle et c'est également pour cette raison que le vieillard que représente l'Hermite l'accompagne.

Le cadeau du 9 pour l'Hermite: rien ne vaut la richesse de notre propre expérience pour tirer les plus justes enseignements de la vie et être en phase avec ses ressentis et affirmations.

Le défi du 9 pour l'Hermite: faire preuve de patience avec ceux qui n'en sont pas encore aux mêmes étapes de vie et qui n'ont pas vécu les mêmes expériences. Éclairer par la sagesse plutôt que de condamner par la froideur. Mais celui-ci le sait, et donc c'est aussi pour cette raison qu'il lui paraît plus sage de s'isoler parfois, car il n'en reste pas moins humain.

Après avoir rencontré les différents personnages mystiques, fascinants et incontournables au cours de son épopée, notre Fou reprend sa route. Nous allons voir dans les cartes suivantes que son destin est désormais entre ses mains grâce à toutes les leçons vertueuses qu'il a apprises de ses rencontres. Et ce n'est pas pour rien que les prochaines cartes commencent par le 1, car il va devoir faire face à ses choix, ses décisions, ses ressentis et tout ce qu'il ne pourra pas contrôler. Mais il aura l'opportunité de les maîtriser grâce à l'inspiration, l'expérience et l'aide du ciel.

Le 10 et la Roue de Fortune

La Roue de Fortune vient nous parler de ce qu'on ne maîtrise pas mais aussi de ce que le Ciel a en réserve pour nous. Avec le 10 qui l'accompagne, il est question de notre capacité à rebondir, être inventif pour repartir de plus belle en sachant jongler avec les événements de vie. L'Univers redistribue les cartes du jeu de la vie, mais, avec le 1 et le 0, on a tous les atouts à notre disposition pour composer avec ces nouvelles données et entamer un nouveau cycle prometteur. La panoplie du champ des possibles se déploie au gré des aventures vers lesquelles la vie nous mène. Avec le 0, on sait qu'on a des ressources infinies en soi pour prendre ce nouveau départ et qu'il est souvent nécessaire pour nous éviter de stagner.

Ainsi, si les vicissitudes de la vie peuvent engendrer certaines appréhensions et nous plonger dans l'incertitude, on aurait tort de s'angoisser, de croire qu'on ne saura pas faire face à ces nouveaux lendemains et de vivre les événements qu'on ne maîtrise pas dans l'inquiétude, car la Roue de Fortune a tout prévu en osmose avec les desseins du divin. Le 10 nous conseillera alors de nourrir une certaine curiosité, une effervescence et un enthousiasme dans la perspective de l'imprévisible, tout en privilégiant l'action et en se montrant opportuniste avec la vie. Ce sera le meilleur moyen d'enrayer le pessimisme. Il n'y a aucune raison de s'inquiéter, puisque la roue de la vie tourne, on ira alors inéluctablement vers le renouveau et avec le 1 et le 0 on ne peut aller que de l'avant. Le 1 représente alors les actions instiguées par l'individu, tandis que le 0 évoque l'intervention du Ciel. C'est un tandem et un combo gagnant, puisque le 1 nous parle de victoire, de triomphe et de résilience, et il ne faudrait pas perdre de vue que la fortune évoque la chance qu'on sait se créer ou que le Ciel nous confère.

Le cadeau du 10 pour la Roue de Fortune:

il n'y a pas d'erreur ou d'errance possible inhérente au libre arbitre, puisque les dieux font équipe avec la Roue de Fortune.

Le défi du 10 pour la Roue de Fortune:

laisser le plan divin se dérouler en ayant cette humilité d'éviter de croire qu'on peut avoir une longueur d'avance sur les cieux.

Le 11 et la Force

La Force n'aurait pas pu choisir meilleur maître nombre que le 11 pour faire de lui son allié, car cet arcane majeur parle de lui-même. Si le 11 est à ses côtés, c'est parce que son message principal est le suivant : vous êtes votre meilleur allié en toutes circonstances et l'unique maître à bord. Si le 11 implique les forces en puissance qui sommeillent nous, il implique aussi que nos parts d'ombre veulent parfois avoir leur mot à dire, mais il ne tient qu'à nous d'activer nos forces de lumière. Avec le 11, la dualité s'invite, puisque derrière ce maître nombre se cache le 2 (1 + 1 = 2). Mais si la force est là aujourd'hui, c'est qu'en réalité elle a dépassé ce stade de la dualité et elle sait très bien ce qu'elle a à faire. Il en est de même pour vous. Si le 11 vient souvent nous parler de nos ambivalences et de notre capacité à maîtriser ce qu'il se présente à nous, il vient aussi nous parler du triomphe grâce à un niveau de conscience qui se révèle et s'affûte au fil de l'expérience de la vie et qui devient indétrônable et inaltérable. Cette force est devenue désormais constructrice et n'est plus destructrice, car vous avez su faire les bons choix et prendre les bonnes décisions aux moments les plus opportuns. Vous renouez avec l'autonomie et l'indépendance, et c'est de ces nouvelles ressources que naît votre montée en puissance. Vous vous êtes forgé une expérience orientée vers la sagesse et la croissance et avez atteint suffisamment de discipline et de maturité affective et émotionnelle pour dompter les émotions et comportements destructeurs, car vous avez su les identifier et les dépasser. Ainsi, c'est le bon 1 qui prend l'ascendant sur l'autre 1 de ce fameux 11. Votre vision s'affûte et les erreurs de parcours sont derrière vous, car vous avez su fabriquer votre chance.

Son pari gagnant: donner le meilleur de vous-même et la part d'ombre se dissoudra d'elle-même, car elle n'aura plus aucune emprise.

Son cheval de bataille: ne pas perdre de vue l'excellence en voulant le meilleur pour soi, on récompense ainsi aussi les autres.

Son message-clé: la balle est dans votre camp et elle ne peut rebondir que du bon côté.

Le cadeau du 11 pour la Force: le 11 apporte ici à la force une dimension de responsabilité personnelle: l'individu est capable d'aller puiser au fond de lui-même dans son moi intérieur pour valoriser et faire briller le Soi vers l'extérieur. Le 11 montre qu'on a tout à gagner à faire équipe avec soi et faire s'unir ces parties opposées en chacun de nous pour aller vers le meilleur.

Le défi du 11 pour la Force: il est question de maîtriser sa force afin de la garder en alliée et de ne pas la retourner contre soi.

Nota bene: dans certains tarots, la Force est représentée avec le 8. Ainsi, l'aspect du 8 qui doit être observé dans ces cas-là est celui de la quête d'équilibre, d'agir avec justice et justesse envers soi et les autres, mais aussi d'aller puiser dans les peurs, les angoisses et l'anxiété pour les transcender et éviter de répéter des schémas karmiques ou suivre les traces de l'expérience des aïeux alors que celles-ci n'ont pas été concluantes. Et c'est bien là que notre force intervient, car, grâce à nos prises de conscience et notre volonté à ne pas vouloir répéter l'histoire, on transcende l'histoire du karma familial aussi.

Le 12 et le Pendu

C'est la carte sans doute la plus complexe et la plus paradoxale du tarot. Si le pendu est gouverné par le 12, c'est bien aussi que ce nombre peut parfois surprendre, car, même s'il est issu du 3 dont il est censé incarner les valeurs (1 + 2 = 3), on sait que dans ses parts d'ombre les plus complexes le 3 peut venir nous parler de mensonge, de trahison et de tricherie. Ainsi, si le Pendu se trouve dans une telle posture, c'est que le 12 lui offre l'opportunité de prendre le temps de regarder la situation sous un nouvel angle et réfléchir aux conséquences de ses actes. Le fait d'être pieds et poings liés est la sentence, mais en réalité, c'est une opportunité pour le Pendu d'éviter de faire de nouvelles erreurs. Quelque chose nous dit dans le 12 que l'immaturité et le manque de discernement et de considération de l'autre peuvent conduire à des erreurs qu'on aurait pu éviter. Être capable de prendre les bonnes décisions (1), se mettre à la place de son prochain (2 qui appelle à la compassion) permettront de sortir de la dualité. Le Pendu et le 12 nous disent alors qu'il est trop tôt pour passer à une étape suivante, car on est susceptible de prendre les mauvaises décisions et de heurter les émotions de l'entourage. On renonce quelque temps à une certaine liberté, on est bloqué mais pour se préserver et éviter d'aggraver une situation. Quelque chose de plus fort, qui parfois même dépasse le pendu, pousse au vice. Ainsi, le 12 l'invite à nourrir une certaine force morale pour regarder de plus près et sous un nouvel angle ses parts d'ombre en regardant depuis la position de l'autre les conséquences et répercussions de ses actes. Avec le 3 qui gouverne le 12, la bonne nouvelle, c'est que cela annonce une nouvelle chance de se rattraper mais il ne faudra pas se tromper, car la sentence sera irrévocable.

Le cadeau du 12 pour le Pendu: faire amende honorable du passé et prendre les bonnes décisions grâce au 1 pour être en communion avec son prochain, sortir de la dualité et éviter de nuire à soi ainsi qu'aux autres.

Le défi du 12 pour le Pendu: minimiser les choses, continuer à se déresponsabiliser en se disant que ce n'est pas si grave que ça.

Le 13 et la Mort

Voici maintenant l'arcane du tarot qui fait sans doute le plus frissonner avec celui de la Tour. Le périple du Fou continue et lorsqu'il croise l'arcane de la Mort, il va alors se trouver confronté à ses angoisses les plus profondes. Derrière l'angoisse de la Mort se cache en réalité cette sensation de ne pas pouvoir œuvrer pour le meilleur, d'être jugé, lapidé et condamné. Mais le message-clé que tend à lui délivrer la Mort, c'est qu'elle n'est pas la fin de tout mais au contraire une excellente opportunité de renaître à soi. Le 4 issu de l'addition du 1 et du 3 parle donc ici d'un temps révolu puisque le 4 nous ramène au mythe de Cronos, du temps qui a passé mais aussi de celui qu'il nous reste et qu'on aurait tout intérêt à utiliser à bon escient pour corriger et redéfinir nos bases, nos fondamentaux (4). C'est le moment de définir de nouveaux paradigmes pour jeter de nouveaux ponts vers l'avenir, mais cela entend bien souvent qu'il est nécessaire de laisser derrière nous nos vieilles habitudes et nos schémas dysfonctionnels. Il va alors nous falloir une belle dose d'autodiscipline et d'humilité pour être capables de reconnaître notre part de responsabilités sur ce qui semble représenter un échec. Nous sommes à un carrefour de vie et la Mort vient faucher ce qui entrave notre morale. C'est donc à ce moment-là que la magie du 1 et du 3 pour former le 13 entre dans la danse : quelle est cette nouvelle flamme de vie que nous sentons renaître en nous et vers quelles nouvelles intentions nous porte-t-elle (1) ? Quelle est désormais la meilleure façon que nous allons choisir pour manifester (3) et créer quelque chose de plus harmonieux et qui pourra être partagé avec le commun des mortels ? Le 3 nous implique aussi dans nos interactions avec le monde et nous pose la question suivante : quelle image voulez-vous donner et que devra-t-il rester de vous après ta mort ?

Si vous avez peur d'être jugé, alors comment décidez-vous de corriger cela pour qu'émane de votre énergie ce qu'il y a de meilleur ? Le 3 implique la communication, la parole, le verbe et l'interaction sociale, alors le 13 nous explique que la Mort est ici l'arcane qui va nous permettre de prendre conscience que le passé ne peut être modifié. Il est désormais possible de faire quelque chose de différent, un peu comme un vieux tableau terni qu'on a oublié dans le fond d'un grenier qu'on ne peut pas brûler mais qu'on peut transformer et auquel on peut mettre de nouvelles couleurs pour lui redonner un nouveau visage, moins cadavérique et désormais plus radieux que jamais.

Le cadeau du 13 pour la Mort : le 1 et le 3 étant l'opportunité de manifester quelque chose de différent et de recréer une réalité grâce à nos décisions, il est évident que, par rapport à ce que nous avons accepté de laisser mourir, quelque chose va nous empêcher de faire fausse route, puisque le 4 corrige et ancre.

Le défi du 13 pour la Mort: il conviendra d'éviter de retourner les énergies bienfaisantes du 1 et du 3 contre soi. L'orgueil et le mensonge seront les chevaux de bataille auxquels il faudra faire face pour éviter que la faucheuse se révèle plus vindicative que jamais.

Le 14
et la Tempérance

Le Fou est prêt à repartir pour de nouvelles aventures. Afin de ne pas se précipiter dans de nouveaux abysses, le 14 pose le décor : il est honorable d'avoir des envies et une énergie vitale flamboyante pour aller de l'avant (1), mais encore faut-il préparer sa stratégie et repartir sur des axes viables pour ne pas s'égarer (4). Le 14 nous parlera ainsi de discipline aux côtés de la Tempérance : c'est bien de vouloir aller vite, mais à condition de se réaliser dans des conditions optimales. Si on fait fausse route dès le départ, on perdra bien plus de temps qu'on ne voulait en gagner au début. Grâce à l'arcane de la Mort, on a compris ce qu'il convenait de déconstruire et il y a forcément un regain d'énergie, puisqu'on renaît à soi. Cette belle énergie mérite d'être conservée, mais elle ne doit pas s'essouffler dès le départ et c'est pour cette raison que le 14 a un rôle prépondérant auprès de la Tempérance : il vient tempérer les ardeurs, car la discipline et le progrès sont prometteurs d'un bel avancement comme le promet le 5 issu de l'addition du 1 et du 4, mais cela ne pourra se faire qu'à deux conditions : que l'on sache où on va avec force et détermination (1), et que nos plans soient finement élaborés, structurés (4) et en cohérence avec notre quête personnelle. Il faudra sans doute se montrer résilient et endurant dans le temps et apprendre à ne pas mettre la charrue avant les bœufs pour éviter de compromettre les efforts engagés. Le 14 invite alors à préserver un certain équilibre entre la force de l'esprit (1) et le monde matériel (4) pour se réaliser dans les règles de l'art. C'est également pour cette raison que le 14 indique aussi qu'avant que tout puisse être propulsé il reste certaines mises au point sur lesquelles il conviendra de se concentrer. Ces ajustements ne sont pas du domaine de l'inconnu, car le 4 nous pousse à regarder le passé pour aller de l'avant. On est tout à fait conscient de ce qui est perfectible et qui demande encore toute notre vigilance pour ne pas se briser les ailes en plein vol. La Tempérance met toutes les chances de notre côté pour parvenir à nuancer toutes ces énergies en nous, alors attention à ne pas retourner le 1 et le 4 contre soi.

Le cadeau du 14 pour la Tempérance: valoriser les efforts qui sont destinés à être couronnés de succès, mais aussi saluer le cheminement, les prises de conscience et l'évolution de l'être pour s'accomplir dans un monde où les forces contradictoires peuvent déstabiliser.

Le défi du 14 pour la Tempérance: prendre son mal en patience et voir l'attente comme un cadeau et non comme un blocage qui nous amènerait à renoncer trop vite à nos rêves et projets.

Le 15 et le Diable

Le Diable… La carte qui donne froid dans le dos avec l'arcane sans nom. Le Diable arbore fièrement le 15 dans le tarot de Marseille, car il vient nous parler de ce principe du sans foi ni loi. En effet, les chiffres 1 et 5 illustrent par excellence cette désinvolture dont ils peuvent faire preuve lorsqu'ils ne sont pas toujours bien aspectés. Le 1 parle d'autonomie, d'indépendance, de confiance, mais il peut aussi nous parler de narcissisme, d'insolence et d'égoïsme. Tandis que le 5, à trop vouloir conquérir sa liberté, se brûle souvent les ailes et peut déclencher anarchie et rébellion en lui et autour de lui. Il est dans ce cas le nombre des excès en tout genre et n'a plus de limites, oubliant les principes de la discipline et pouvant même aller à une certaine forme de violence. L'alliance du 1 et du 5 mène au 6 qui parle d'amour, d'harmonie mais aussi de mœurs et de conventions. Ainsi, bien souvent pour nous appâter, le Diable sait parler à notre cœur, mais il s'adresse à ce dernier souvent pour parvenir à ses fins. Avec le 1, on sait qu'il ne manque pas de volonté et qu'il est prêt à tout (5) pour atteindre ses objectifs. Ainsi, il saura utiliser la panoplie et aller explorer tous nos sentiments et percevoir nos failles pour mieux s'y engouffrer, nous faisant croire dans un premier temps qu'il n'a d'yeux que pour nous. Si le Diable nous attire et nous attise, c'est parce qu'il n'hésite pas une seule seconde à marchander et nous ouvrir les portes de la tentation. Avec le 1 et le 5, il utilise les principes créateurs et d'abondance de ces derniers, seulement il oublie de signifier que, pour tout ce qu'il a à offrir, il y aura tôt ou tard un prix à payer. Emporté par la passion, on l'oublie bien trop souvent. C'est le principe du narcissisme et de la manipulation, mais si l'on regarde plus loin, on sait que le Diable nous pousse à nous dépasser, car il casse les codes et les conventions. Conscient de son pouvoir, il se place au-dessus de la morale et tend à créer une communauté (6) de pécheurs dont il sera la muse et la principale source d'inspiration. Il nous pousse à nous interroger sur la notion d'interdit et attiser en nous toutes ces passions inavouables, car non conformes à nos mœurs et conventions originelles.

Le cadeau du 15 pour le Diable : il y a des opportunités qui ouvrent la perspective de faire amende honorable et se racheter.

Le défi du 15 pour le Diable : devenir encore plus vicieux que le vice lui-même.

Le 16 et la Tour

On l'appelle aussi la Maison Dieu et ce n'est pas pour rien. Quoi de mieux qu'un coup de pouce de l'Univers et l'intervention des cieux pour nous empêcher de continuer à ancrer dans la pierre et la matière ce qu'il y a de plus nocif pour notre évolution. Avec la Tour et le 16, on ne pourra pas dire que nous n'avons pas été prévenus, mais peut-être avons-nous refusé de voir les signes envoyés par les dieux. Finalement, si la Tour que vous observez est chancelante et qu'elle est sur le point de s'écrouler, c'est parce que les deux chiffres, 1 et 6, qui composent le 16, n'ont pas forcément été écoutés et respectés dans leur vibration originelle et il était donc temps qu'elle s'effondre. Toutefois, même s'ils sont là pour vous faire comprendre les leçons de votre monde écroulé, ils vous laissent à disposition toutes leurs richesses pour rebâtir plus fort et cette fois-ci dans les règles de l'art. Le 7, issu de l'addition du 1 et du 6, invite à revoir ses concepts préétablis, réfléchir à ce qui a contribué à nos échecs. Est-ce que c'est le 1 qui n'a pas été écouté ? Est-ce un manque de volonté, de détermination, de positionnement, d'originalité ? Et de quelle manière nous sommes-nous permis de contrarier le 6 ? Est-ce que ce projet a été mené à bien avec la vérité du cœur ? A-t-on été sincère envers soi et les autres et *vice versa* ? Si tout s'écroule aujourd'hui avec la Tour, le 1 et le 6 resteront les fidèles serviteurs et les meilleurs nombres pour rebâtir en ayant appris les leçons du passé. Le 1 apportera la résilience, le courage, et viendra susurrer à l'oreille de notre âme cette petite phrase anodine mais si importante à la fois : « *N'écoute que toi, va de l'avant et n'aie pas peur d'un succès totalement différent de celui que tu avais envisagé à l'origine.* » Le 6 conseillera de bien s'entourer et viendra renforcer notre amour et les vertus de notre bonté d'âme. Il conseillera ainsi d'inviter à la cour de notre nouveau château uniquement ceux qui se révèlent être de solides fondations. Le 16 amène la Tour à s'effondrer, car il désillusionne et demande une introspection nécessaire (7) pour retrouver la voie de l'inspiration et l'action juste et bien ciblée avec le 1, mais aussi renouer avec la pureté des ressources émotionnelles nécessaires à l'épanouissement du cœur. Si la Tour et le 16 angoissent, c'est parce qu'il y avait une fragilité originelle, une faille dans notre construction et que notre inconscient le savait déjà. On redoute ce que notre âme avait déjà subodoré. On s'est enfoncé dans le brouillard malgré nous (1 de la volonté contrariée souvent accompagné d'un 6 peu authentique qui nous a malmenés émotionnellement). Ainsi, une fois la nuit noire de l'âme traversée et le voile de l'illusion déchiré, on peut retrouver l'inspiration et comprendre que notre bonne étoile n'a jamais cessé de briller. C'est aussi pour cette raison qu'au 16 succède le 17...

Le cadeau du 16 pour la Tour: ne pas craindre de déconstruire pour reconstruire quelque chose de somptueux, de parfois bien plus grandiose que ce qu'on aurait imaginé et au-delà de nos rêves.

Le défi du 16 pour la Tour: s'obstiner alors qu'on a tous les signes que tout est sur le point de s'écrouler. Alors que tout se passe à l'intérieur de nous et qu'on le sait déjà.

Le 17 et l'Étoile

Après l'écroulement de la Tour et l'effondrement de ces bases que l'on pensait inébranlables, l'Étoile émerge du tarot pour nous faire comprendre que l'on n'a jamais cessé d'être aidés, guidés et protégés en toutes circonstances. C'est grâce à cette étoile qu'on va pouvoir reconstruire plus solidement et, cette fois-ci, libérés de l'illusion, se laisser porter par l'intuition (grâce au 7 du 17) pour se réaliser selon les préceptes de notre destinée (1). C'est lorsqu'on voit briller au plus profond de la nuit noire notre bonne étoile depuis les cieux qu'on peut retrouver espoir. De l'addition du 1 et du 7 résulte le 8 qui est le chiffre qui nous permet de transformer le karma et qui nous parle aussi de nos aïeux. Cette fois-ci, grâce aux vertus du 8, on va pouvoir sortir de l'illusion, car désormais le 7 du 17 est clair et limpide, il est disposé à incarner la pensée qui se matérialise dans la matière sans équivoque parce qu'elle suit son intuition qui n'est que la résultante du murmure des dieux. Avec le concours du 1, il va désormais être possible de passer à l'action avec cette foi et cette certitude d'être guidés vers de nouvelles perspectives qui vont nous permettre de transformer notre karma mais aussi rendre hommage à notre destinée et à nos aïeux. La voie céleste se révèle et la route sera désormais sans encombre, car cette transformation karmique a laissé derrière elle les erreurs du passé, et les nouveaux fruits de l'abondance de la destinée sont mûrs pour être récoltés et savourés. La certitude que le Ciel ne nous lâchera pas la main conditionne les nouveaux élans vers lesquels on a envie de cheminer et ainsi se réconcilier avec son passé. Le 8, comme sa forme l'indique, est composé de deux boucles qui représentent cette alliance entre la sphère terrestre et la sphère céleste. Ainsi, la maxime contemporaine qui nous dit « Aide-toi (1) et le Ciel t'aidera (5) » prend tout son sens. Ce 8 nous rappelle aussi parfois que l'abondance et les cadeaux de la vie viennent d'horizons ou de personnes qu'on ne saurait soupçonner, souvent guidés par ceux qui sont au royaume des cieux. Le 17 vous invite aussi à rester à l'écoute de votre intuition afin que la Voie lactée de votre destinée continue d'être rythmée par le tempo divin et ses synchronicités.

Le cadeau du 17 pour l'Étoile : il y a quelque chose de magnétique, puisque le 8 est mystique. Alors, on a cette facilité à s'abandonner, à s'offrir à la destinée en toute confiance et s'autoriser à s'abandonner aux mains du destin en toute quiétude.

Le défi du 17 pour l'Étoile : éviter de ruiner de nouveaux espoirs en compromettant les cadeaux de réparation et la confiance que le Ciel a remis entre nos mains en prenant soin de son destin pour continuer à attirer la bonne fortune à soi. Il conviendra alors de ne pas détourner son regard des cieux et s'en remettre uniquement à l'Univers et à son intuition.

Le 18 et la Lune

Voici, prête à être révélée à la lumière du clair de lune, l'évidence de tout ce qu'on aura tenté, volontairement ou non, de dissimuler, de refouler jusqu'à présent. Ainsi, si le 18 accompagne la Lune dans le tarot, c'est parce que le 9 vient révéler et mettre en lumière les vérités tapies au plus profond de notre sphère émotionnelle, pour les ramener et les confier aux cieux par l'intermédiaire de cette boucle du 9. Ce n'est pas pour rien que le 9 est composé d'un zéro qui renvoie à cette source et cette fois-ci elle touche la dimension astrale, car elle est prête à s'élever. Le 9 est également celui qui clôture. Il nous informe que nos schémas sont arrivés en bout de course et qu'ils ont besoin d'être transformés par le 8 qui compose ce 18 pour que nous puissions reprendre notre chemin vers le Soleil. Les cycles qui sont propres à la Lune et au 18 parlent de cette importance de vivre et d'apprécier chaque émotion, aussi savoureuse ou douloureuse soit-elle, car ce n'est que lorsqu'on parvient à cela qu'on laisse ressurgir et se transformer ce qui était destiné à muter vers une métamorphose révolutionnaire. Ainsi, en respectant le tempo qu'imposent les cycles de la Lune, on comprend que ce que nous redoutions le plus n'est pas aussi insurmontable et que ce à quoi nous osions à peine rêver est bien plus à portée de main que nous ne l'aurions imaginé. Si le 18 s'est associé à la Lune, c'est parce qu'il arbore un magnétisme imparable : quoi de mieux que l'obscurité sombre de la nuit pour faire refléter ce qui mérite d'être mis en lumière sous le clair de la lune. Si le 18 évoque les doutes, les angoisses, les émois, la pudeur et les inquiétudes, il parle aussi de la richesse de notre bagage émotionnel, car c'est celui-là même qui nous fait nous sentir plus que jamais vivants et qui parle de l'être sensible que nous sommes. Ainsi, attiré par la lumière du clair de lune et aspirant à en finir avec ces émotions impalpables qui peuvent devenir incontrôlables, le 18 nous accompagne pour ne pas nous sentir bannis et rejetés d'un système qui nous confronte aussi aux douleurs et émois de notre prochain. À la lueur de son énergie mystique, les révélations et les émotions sont invitées à sortir à l'image de l'écrevisse qui sort de l'eau, car ce 9 issu du 18 nous parle aussi de ce qui a été refoulé dans l'inconscient des ancêtres et qui pèse sur notre karma (le 8 étant le chiffre des aïeux et des vies antérieures). Il nous pose ainsi la question suivante : ces émotions méritent-elles d'être ressenties ? Pour qui ? Pour quoi ? Comment leur rendre hommage afin qu'elles ne croupissent pas dans les méandres de notre mémoire ?

Le cadeau du 18 pour la Lune : la bienveillance du 9 qui invite à ne plus subir ce que l'on ressent mais plutôt à s'investir pour faire briller sous le clair de lune ce qui mérite d'être révélé.

Le défi du 18 pour la Lune : comprendre que la réalité est souvent bien moins effrayante que les peurs, mais qu'il convient de ne pas renier ses émotions et rester dans l'ignorance de ce que l'on ressent sous peine de rester dans un cercle vicieux et de créer de nouvelles peurs inutiles.

Le 19 et le Soleil

Si le Soleil irradie le 19 et le monde de ses rayons, c'est parce qu'il est capable d'apporter sa lumière avec force et humilité. Le 1 matérialise le courage d'être soi à travers une expérience de vie singulière qui lui est propre, mais qui peut servir de modèle à tout un chacun et que le soleil offre inconditionnellement, à l'image de ses rayons en toute générosité et sans qu'il y ait besoin de rendre quelque chose en retour (c'est le propre du 9 qui offre son expérience avec altruisme et dévouement). Si le soleil brille, c'est parce qu'il a traversé toutes les tempêtes, vécu tous les naufrages avec résilience (1) et qu'il ne s'est jamais avoué vaincu. Le 1 additionné au 9 donne le 10 qui, réduit théosohiquement, nous ramène au 1. Ainsi, ce 1 parle de victoire, de triomphe, mais d'une victoire méritée qui représente un cheminement. Le 1 représentant l'alpha, le commencement de toute chose et le 9, l'oméga, la fin d'un cycle, il va sans dire que l'alliance de ces deux nombres nous parle du périple parcouru et souvent enduré, mais dont on sort vainqueur et grandi, plus fort que jamais (1) et plus mature (9). Le 19 parle ainsi d'une forme de récompense, de consécration avec l'idée d'une voie royale qui s'ouvre désormais après une période de chaos, puisque la Tour se sera effondrée. Les qualités et ressources personnelles qu'on aura su valoriser et la sagesse dont on aura su faire preuve face à l'adversité et les imprévus de la vie forcent l'admiration et l'estime. C'est pour cela que le Soleil et le 19 jouissent d'une belle renommée et d'un rayonnement charismatique, qu'ils attirent et sont populaires, car ils réchauffent le cœur et l'âme de tous ceux qui croisent leur chemin.

Le cadeau du 19 pour le Soleil : le 19 met en avant l'idée selon laquelle cette notoriété est désormais établie et qu'elle ne saurait être anéantie.

Le défi du 19 pour le Soleil: même si de nouveaux nuages croisent la trajectoire du Soleil, il ne doit pas douter que la lumière qui émane de ses rayons aura toujours le dernier mot. Il n'a pas à prouver qu'il est brillant, il appartient au reste du monde de le constater, et la force et la chaleur de son rayonnement sont de toute façon indiscutables.

Le 20 et le Jugement

Ici, le 20 et le Jugement s'illustrent dans un duo somptueux, car ils nous parlent de communion et d'union. Leur alliance est la manifestation de ce que le divin attend que nous incarnions sur Terre envers nous-mêmes mais aussi à l'égard de nos semblables. Le 20 représente l'harmonie et l'union parfaite, puisque le 0 soutient la perfection et les desseins de la source dans tout ce qui concerne les associations et les partages de cœur à cœur, d'âme à âme. Lorsqu'il accompagne un autre chiffre, il décuple ses forces et le fait briller. Ainsi, le 2 resplendit de toute sa lumière avec le jugement. Il matérialise ici la rencontre authentique avec soi mais aussi avec l'autre. C'est bien dans cette réalité qu'intervient le véritable jugement qui, ici, n'appartient plus aux bas instincts parfois puérils du genre humain, mais qui s'en remet à la loi du divin, loin des sentences dogmatiques du commun des mortels. C'est l'appel de notre être supérieur au service de notre condition humaine. On adopte la posture de l'humilité et de l'acceptation de soi, de notre vulnérabilité humaine mais aussi de notre exquise essence divine. Le 20 relève le défi de faire cohabiter harmonieusement la part d'ombre et de lumière, car il sait que cette dernière finira par prendre l'ascendant. C'est ainsi qu'on sort de la dualité, car seule ressurgit la lueur d'une nouvelle version de nous-mêmes prête à embrasser de nouveaux lendemains. On s'est pardonné et la part d'ombre disparaît. Il n'est plus question pour l'homme d'ignorer ce qui est, ni qui il est dans son essence profonde. L'individu a réussi à se réconcilier avec lui-même, car il a rencontré sa propre divinité ; il a compris et devient la version la plus haute et la plus humble de lui-même, et c'est ce que traduit le 20 de cette union parfaite.

Il y a l'idée d'avoir attendu depuis fort longtemps souvent une bénédiction, une parole délivrante et libératrice, mais le Jugement souligne que la meilleure permission vient de nous, car c'est en acceptant notre humanité qu'on retrouve notre divinité.

Cette parole, cette bénédiction longtemps attendue, rouvre souvent la voie de l'espoir, le Jugement révèle cet avènement. C'est un moment unique et de grâce, car, même si le Ciel donne son approbation, on a osé s'abandonner à notre condition ; on la reçoit pleinement, car on a une illumination, un véritable déclic spirituel et émotionnel et désormais, communier avec le reste du monde devient une évidence. Ici, le 2 est sorti de sa dualité, il a fait tomber les affres de l'ego, car il est accompagné du zéro et retrouve donc ses meilleures dispositions de dévouement sans pour autant être dans le sacrifice. Le Fou aura appris à composer avec ses parts d'ombre et sera revenu à cette humilité qui lui permet de se pardonner mais aussi d'être pardonné par ses semblables. La vie lui tend la main et il est prêt à l'attraper, même si le Ciel la lui a toujours tendue depuis toujours. Mais cette fois-ci, il la saisit avec conscience.

Son cheval de bataille: vous faire voir la beauté et l'harmonie dans tout ce qui est perfectible.

Le cadeau du 20 pour le Jugement: il gomme la différence entre le ciel et la terre. Humain et divin sont sur un pied d'égalité.

Le défi du 20 pour le Jugement: retomber dans la vulnérabilité et la fragilité du genre humain.

Le 21
et le Monde

C'est parce que le Monde a su contempler et considérer chaque individu, chaque espèce, et reconnaître l'empreinte du divin dans toute manifestation autour de lui qu'il est en communion avec le principe du duo et de l'unité. C'est donc l'harmonieux équilibre du 2 qui se manifeste aux côtés du 1. Tous deux vont donner naissance à la trinité. Le Fou a compris les leçons existentielles de la vie et a été capable non seulement d'écouter ses émotions avec une grande authenticité, ce qui lui a permis de faire parler son cœur (2) mais il a également été capable de faire passer l'autre avant lui. Ce n'est pas pour rien qu'avec le Monde le 2 est devant le 1. Si le 21 accompagne le Monde, c'est parce qu'il est gouverné par la chance mais aussi la protection. Ici, on n'a plus besoin de faire appel à une protection extérieure pour nous sauver ou préserver, car on a compris qu'on était accompli et qu'on pouvait faire alliance avec le Ciel pour protéger notre être profond et ses créations. Ici, le Monde a fait comprendre au Fou les mécanismes de l'Univers et celui-ci, devant sa révérence, a accepté de lui livrer ses secrets pour qu'il aille vers lui-même et l'autre à travers sa réalisation. Le Monde a su faire comprendre au Fou que les vérités du cœur (2) ouvraient de grandes portes à la réalisation de l'être (1) pour en faire bénéficier non seulement lui, mais aussi le Monde entier. Pour cette raison également, la symbiose et la magie de la perfection apparaissent à travers les créations des uns et des autres. L'abondance vient de la plénitude de tous. La connaissance de soi et la reconnaissance de la valeur de l'autre sont absolues. Le créateur mais aussi sa création sont protégés et viennent parler à l'âme du Monde.

Souvent, dans sa capacité à donner comme il reçoit, le Monde ne se rend même plus compte que de nouvelles opportunités sont déjà en marche. C'est pour cela que cette carte vient également parler de notre capacité à repartir pour de nouvelles aventures, car elle évoque aussi le voyage et le déplacement à proprement parler. Ce dont on peut être sûr, c'est que l'émerveillement et le partage continueront à être au rendez-vous. Les aventures émotionnelles (2) à partager avec l'autre et à ancrer en soi (1) nous ouvrent les portes d'une exquise félicité, car on a tous les ingrédients en nous et autour de nous pour aller vers le meilleur.

Le cadeau du 21 pour le Monde: la voie de la félicité est ouverte et ce qui continuera à être accompli ne pourra que nous émerveiller de plus en plus.

Le défi du 21 pour le Monde: renoncer à donner le meilleur de soi et retomber dans les travers du Pendu qui s'empêche d'embrasser le monde avec son 12, soit le 21 inversé...

Les arcanes mineurs

Ainsi, aux arcanes majeurs du tarot succèdent les arcanes mineurs qui viennent nous apporter des informations complémentaires et précieuses sur les aspects fondamentaux qui régissent notre quotidien, mais aussi sur les questions qu'on devrait se poser pour éviter de subir les événements et leur donner un sens plus approfondi.

Ces arcanes mineurs se composent de quatre familles (les Bâtons, les Coupes, les Épées et les Deniers) qui vont chacune venir soulever un domaine et des vibrations particulières relatives aux domaines qu'elles touchent.

Dans ces familles en question, pour les arcanes mineurs comportant un nombre, on analysera donc le message des cartes en fonction du nombre qui les accompagne. On notera que les As seront associés au 1 pour rappel.

Note particulière pour les personnages de la cour

Les personnages de la cour, en tant que tels (valets, chevaliers, reines et rois), ne sont pas associés à des nombres. Du moins, cela n'est pas évident et cela n'est pas représentatif sur les cartes. Je me suis alors demandé quel nombre pourrait bien leur correspondre en partant du principe que si on devait attribuer un nombre pour chaque carte avant qu'elles ne soient mélangées, chacune occuperait une place particulière et qui lui serait propre dans le paquet, dès le départ… C'est donc sur ce principe que j'ai décidé d'attribuer aux personnages de la cour un nombre inhérent à la place que tient chaque carte à l'origine dans le paquet avant que les cartes ne soient battues.

Au fur et à mesure de l'élaboration de ce tarot, j'ai trouvé que les nombres associés à chaque personnage étaient incroyablement criants de vérité. Encore une fois, la numérologie est venue me surprendre et m'accueillir là où je ne l'attendais pas, car, grâce aux nombres, on retrouve les caractéristiquesde chacun de ces personnages et cela vient renforcer l'impact du message qu'ils ont à véhiculer.

D'un point de vue général et dans les grandes lignes, on sait que les valets représentent une forme de candeur et leur appréhension novice dans les divers domaines de vie est aussi soutenue par la numérologie. Les cavaliers, quant à eux, sont souvent plus fougueux et plus impétueux. Ils vont de l'avant et vous découvrirez que les nombres viennent aussi renforcer chez eux ce trait de caractère, tout en leur conseillant de se tempérer. Les reines et les rois sont pour leur part à la fois dans le pragmatisme et la bienveillance. Ils sont des figures modèles et de sagesse. Là encore, la numérologie vient servir leurs honorables combats et ne manquera sans doute pas de vous faire aller un peu plus loin dans la compréhension de ces personnages incontournables.

Sans plus attendre, je vous propose de commencer notre série de mineurs par les Bâtons, ensuite suivront les Coupes, les Épées et nous terminerons par les Deniers.

Les Bâtons

Ils représentent le feu intérieur qui brûle en nous et qui donne l'énergie nécessaire à l'accomplissement. C'est l'énergie vitale qui nous anime ou qui se laisse gouverner par nos envies, nos rêves, nos passions bienfaitrices ou destructrices. Toujours est-il que les Bâtons sont destinés à nous pousser à aller de l'avant et nous faire sortir le meilleur comme le pire de nous-mêmes. Ils nous poussent à nous poser deux questions essentielles : qu'as-tu dans le ventre et de quelle couleur brille ton âme ?

As de Bâtons

Un regain d'énergie vitale est manifeste. Si le 1 accompagne l'As de Bâtons c'est parce qu'il vibre sur le principe du créateur. Il est à lui seul l'étincelle divine qui met le feu aux poudres de nos envies et nos rêves les plus fous. Le 1 comprend que vous avez une belle carte à jouer grâce à l'émergence d'un nouveau projet, d'une idée nouvelle qui vous stimule. Cette situation trouve un écho dans votre âme et va vous permettre de vous réaliser, de passer à l'action mais aussi de montrer vos qualités créatives et créatrices. Ici, il est question de révéler votre esprit d'entrepreneuriat et la force dont vous êtes capable lorsque quelque chose vous anime. Les Bâtons vont vous aider à briller et vous révéler dans un domaine où vous allez singulièrement marquer les esprits.

Il y a également avec le 1 l'idée d'un déclic émotionnel. Peut-être nos énergies ont-elles été réduites à néant ou en berne pendant un moment, et c'est ce qui a entravé votre dynamisme et vos actions, mais cette situation de torpeur est bel et bien derrière vous et l'enthousiasme est de retour. Le 1 et les Bâtons informent qu'il est désormais possible de prendre ce nouveau départ, car vous vous êtes réaligné avec votre moi profond grâce à ce déclic. Ici, le 1 stimule naturellement l'envie de passer à l'action sans se poser de question et décuple l'ambition. Le 1 associé aux Bâtons procure donc la confiance nécessaire à l'individu et anime son cœur vaillant, lui donnant ainsi le sentiment de se sentir pousser des ailes. Ce regain de foi révèle un potentiel qui n'en restera pas là.

Aspects du 1 mis en lumière avec les Bâtons: force vitale, confiance, énergie dynamique.

Deux de Bâtons

Ici, le 2 associé aux Bâtons va nous forcer à sortir de la demi-mesure. L'énergie vitale qui nous a regagnés impose désormais un choix cornélien sur lequel il va falloir statuer, puisque le 2 ouvre la voie d'une direction à prendre plutôt qu'une autre. Le 2 impliquant la dualité et abritant une part de secret nous explique alors qu'il n'y a vraisemblablement ni de bons ni de mauvais choix dans cette situation. On aura beau vouloir scruter l'horizon à l'affût de la moindre information, aucun indice ne nous sera donné, car le 2 impose de faire nos choix en notre âme et conscience, en fonction de nos sentiments, et non en fonction d'une influence extérieure quelconque. Ici, le 2 vient nous parler de cette nécessité de rassembler et réunir nos polarités ambivalentes pour composer avec tous les aspects dissonants et en contradiction de notre personnalité. Il est aussi question de maturité affective pour être capable de ressentir vers où le vent nous mènera à bon port. Le 2 parle d'intimité. Ici, on est en tête à tête avec soi-même et tout ce que votre vécu et notre sphère émotionnelle nous ont enseigné jusqu'alors, sans oublier cette part de mystère et de sincérité vis-à-vis de nous-mêmes. Les deux optiques sont séduisantes, voire fascinantes, car elles comportent chacune leurs promesses de gloire, mais aussi, à n'en pas douter, leur part de désillusion, et c'est bien là le défi du 2 : choisir sans se soumettre et donc renoncer à quelque chose, tout en gagnant, adhérer sans se sacrifier.

Aspects du 2 mis en lumière avec les Bâtons : choix, renoncement, acceptation.

Trois de Bâtons

Avec le 3 de Bâtons, le 3 tient son rôle de révélateur des manifestations et des moyens d'expression. Avec lui, on va savoir et comprendre si nos prières ont été entendues et comment elles ont été reçues. Il y a là une part de joie, d'excitation à l'idée de découvrir ce que le Ciel aura fait de nos demandes, puisque le 3 vibre sur le principe de trinité. Le 3 parle de ce que nous allons recevoir par rapport à nos demandes, et le point de départ de tout cela repose sur la verbalisation de notre cœur avant tout. Il y a donc une condition sine qua non derrière ce 3 qui entend une collaboration harmonieuse entre les forces du Ciel, de la Terre et de l'esprit incarné. Sans nul doute, on va se voir gratifié de quelque chose, mais encore faut-il que cela corresponde aux desseins de notre destinée. Toutefois, avec le 3, il y a une idée de chance. Par rapport à nos demandes, on a enclenché une énergie certaine qui va nous donner les moyens de valoriser notre force créatrice, ce qui nous enchante. Avec cette carte, on retrouve une âme d'enfant et on a envie de se donner les moyens pour que nos rêves ne restent pas de simples chimères, pire encore, qu'ils nous passent sous le nez et qu'on ait ensuite des regrets à vie. Il peut ainsi y avoir une ambivalence face au temps qui passe, on a envie de saisir notre chance pour ne pas vivre dans la nostalgie d'un rêve qu'on aurait pu réaliser. Ici, le 3 a pour rôle de nous inviter à nous interroger sur les moyens concrets que nous prévoyons de mettre en place pour passer du rêve à la réalité.

Aspects du 3 mis en lumière avec les Bâtons : manifestation, verbalisation émotionnelle, rêves destinés à se réaliser.

Quatre de Bâtons

Quelque chose est acté aux yeux de l'Univers et ne saurait vous être retiré dans la matière. Cet événement mérite d'être célébré parce qu'il est officiel. Il vient valider une étape importante dans votre cheminement et se trouvait au carrefour de votre destinée, un carrefour inéluctable qui vient soulever la question de l'engagement ou la capacité à rétablir ce qui doit être par rapport à une situation. L'étape a été franchie avec brio. Ici, le 4 vient en renforcement positif pour ancrer, consolider et valider quelque chose d'important. Il y a derrière l'idée qu'il pose un sceau, et on peut être fier de soi et de ce qu'on a été capable de construire. Chaque bâton représente une force en puissance, les trois Bâtons précédents ont su être exploités à de justes fins.

Avec l'As, on sait que cette idée ingénieuse ou cette envie évidente a su trouver son chemin pour aller vers le choix le plus opportun qu'imposait le 2 de Bâtons, et qu'en ayant foi en l'avenir, en étant capable de se donner les moyens pour croire en nos rêves, avec le 3 de Bâtons, on est récompensé. Le quatrième Bâtons valide le positionnement et donne de la stabilité aux forces en présence des autres Bâtons. Vous pouvez désormais souffler et vous sentir en sécurité, car vous avez également passé le baptême du feu et relevé les défis du découragement. Vous n'avez pas abandonné, vous pouvez célébrer la victoire de ce jeu qui en valait la chandelle.

Aspects du 4 mis en lumière avec les Bâtons : fondations solides, route tracée avec conscience et efforts salués, fierté et opiniâtreté.

Cinq de Bâtons

« Il faut de tout pour faire un monde. » Voilà un proverbe qui illustre parfaitement la situation dans laquelle se retrouve le 5 au milieu des Bâtons. Cette carte vous révèle que vous allez avoir affaire à diverses personnalités et que vous ne pourrez pas faire l'unanimité. Le caractère du 5 se veut par essence hétérogène et peut aussi être parfois excessif, versatile. C'est pour cette raison que vous pourriez susciter tantôt l'approbation parmi vos pairs, tantôt la jalousie, la médisance et tout ce qui s'ensuit. Cette carte vous met dans une posture où vous allez devoir faire face à l'adversité. Ainsi, le 5 met aussi cette réalité en lumière : les coups pourraient arriver de toutes parts sans que vous ne les ayez vus venir, car, avec le 5, il y a également l'effet de surprise et l'idée de quelque chose qui prend une ampleur démesurée. Le 5 vous avertit aussi que si vous êtes à l'origine des coups donnés, vous devez vous tenir prêt à en payer les conséquences qui pourraient être tout aussi disproportionnées. Une partie de vous mais aussi de vos adversaires ne mesure pas encore les tenants et les aboutissants d'un conflit, et le prix à payer pourrait être fort déplaisant pour tout le monde. Cette carte vous met en garde : le jeu en vaut-il vraiment la chandelle et pour quelles raisons s'affronte-t-on véritablement lorsqu'on comprend qu'il n'y aura pas forcément de vainqueur à l'arrivée ? Le 5 représente effectivement le caractère impulsif et irréfléchi parfois qui nous pousse à agir et regretter par la suite.

Vous êtes invité ainsi à préserver votre énergie et l'utiliser à bon escient pour des combats plus nobles et moins calibrés sur les guéguerres d'ego.

Aspects du 5 mis en lumière avec les Bâtons : excès, impulsivité, mauvaises surprises.

Six de Bâtons

Voici une parade méritée. Avec le 6, on attire à soi l'admiration et l'estime de ceux qui nous entourent, car le 6 parle de nos liens aux autres et des sentiments et émotions qu'on suscite chez autrui. Il est donc ici question avec les Bâtons de ce qu'on active, de la flamme qu'on allume ou qu'on ravive chez nos pairs. Le 6 est en interaction avec les autres et nous parle de toutes ces individualités animées de sentiments et émotions multiples et variés qui finissent par former une communauté, cette famille humaine à laquelle on appartient. Et ici, le 6 de Bâtons nous indique que tous ces sentiments vibrent au diapason. Quelque chose en nous a su susciter l'empathie, la reconnaissance et même une certaine notoriété. On a su défendre les qualités que le 6 soutient lorsqu'il est bien aspecté : l'harmonie et les valeurs transcendantes de l'Amour universel avec un grand A. Notre charisme est reconnu et cette reconnaissance est due à un fait particulier : nous n'avons pas trahi notre cœur, ni celui de ceux qui avaient placé toute leur confiance en nous. Un public, une communauté attendait quelque chose de précis et on a su répondre à ces attentes, voire au-delà. Celui qui devient le héros a su fédérer et convaincre, car il a gardé son humanité profonde. Il a ainsi su garder un lien de proximité et, même s'il reste le vainqueur, il ne perd pas son humilité, car ce qui a été offert a été donné avec générosité et authenticité.

Aspects du 6 mis en lumière avec les Bâtons : reconnaissance, estime, admiration, amour inconditionnel.

Sept de Bâtons

Ici, les Bâtons vont nous demander de rester stoïques face aux tourments que peut provoquer le 7. Lorsque l'énergie du 7 est fluide, il nous parle d'une pensée claire et raisonnée. Ainsi, il convient de ne pas perdre son centre. Le succès connu précédemment peut provoquer une angoisse d'être détrôné et de perdre ce qu'on a réussi à acquérir avec le temps. Ce n'est pas le moment de se reposer sur ses lauriers, il faut continuer à avancer avec foi sans se décourager et se laisser désabuser par des événements qui ne se sont pas encore produits. Avec l'énergie des Bâtons, le feu de l'envie et de la motivation doit continuer à crépiter dans toutes nos cellules. Si l'on sent que quelque chose ou quelqu'un pourrait nous détrôner, nous nuire, les peurs de perdre ce qu'on a vaillamment gagné peuvent avoir raison de l'enthousiasme et la motivation. Ainsi, même si on a parfois raison de se méfier de l'eau qui dort, le 7 demande de revenir à une certaine raison pour ne pas basculer dans la paranoïa. Mais le 7 vous invite à la réflexion : de quoi avez-vous réellement peur ? De quoi avez-vous peur d'être démuni ? Qu'est-ce qui pourrait se jouer dans l'ombre en votre défaveur ? Il serait alors recommandé de faire appel au 7 intuitif pour avoir une longueur d'avance. Capitaliser sur la sagesse et l'expérience, la connaissance que profère le 7 pour ne pas se laisser avoir par des inquiétudes qui souvent se révéleront vaines. Puisque le 7 abrite aussi en lui quelque chose de secret et mystique, le mystère qui n'est pas encore porté à notre connaissance pourra à la fois vous booster ou vous décourager selon les intentions que vous y mettrez, mais il aura toujours sa raison d'être.

Aspects du 7 mis en lumière avec les Bâtons : inquiétudes, pensées parasites, mystères, intuition.

Huit de Bâtons

La bonne fortune est en route et elle n'a pas le temps d'attendre que vous soyez prêt. Elle va vous embarquer dans son aventure parce que le 8 vient révéler le regain d'une énergie vitale qui avait été initiée par l'As de Bâtons et qui s'est transformée, consolidée au gré des expériences heureuses et des revers rencontrés jusqu'ici sur votre chemin. Puisque le 8 nous parle ici de karma avec les Bâtons, il annonce les fruits de la bonne fortune que vous êtes sur le point de cueillir ou de vous voir offrir en réponse à toute l'abondance et les énergies bienfaisantes que vous avez semées précédemment. Vous avez su agir et réagir avec justesse, alors il est ici question d'une forme de récompense octroyée par la vie. Elle vous ouvre les portes prolifiques de tout ce qu'elle a de plus grand et de plus généreux à vous offrir. La balance a penché en votre faveur, même si le chemin a été ardu par moments, mais vous avez su dépasser vos craintes les plus redoutables et faire contre mauvaise fortune bon cœur. Vous avez été capable de faire du 8 votre allié en transformant tout ce qui était incubé dans les énergies de matière pour les élever vers des énergies de lumière. Vous avez ainsi concouru à votre propre accélération sur le plan terrestre et spirituel à la fois grâce à la force de votre esprit. Le 8 transforme avec force et ferveur. Vous l'avez compris. Désormais, plus rien ne saurait vous arrêter, car vous avez compris la magie subtile du mode d'emploi et vous êtes désormais capable de conjuguer les forces tangibles avec celles de l'invisible dans votre propre réalité.

Aspects du 8 mis en lumière avec les Bâtons: bon karma, révérence des dieux, sphères célestes, dissipation des peurs.

Neuf de Bâtons

Encore un dernier effort. C'est la dernière ligne droite avant de franchir une étape significative. Ainsi, le 9 s'allie ici aux Bâtons pour que vous puissiez vous appuyer sur sa sagesse mais aussi sur les enseignements de votre propre vertu. Le 9 annonce donc qu'une dernière étape doit désormais être franchie pour que vous veniez valider définitivement la teneur des enseignements inhérents aux expériences que vous avez vécues et partagées. Il se pourrait bien que cette étape soit l'examen de vie que l'Univers vous réservait depuis toujours. Il est sûrement question d'un dernier combat à livrer. Peu importe le domaine, ce qui compte, c'est la manière dont vous allez le mener, car c'est lui qui va venir vous demander de mettre en pratique et faire ressortir de la façon la plus noble qu'il soit tout ce qui vibre en vous. Le monde attend beaucoup de vous et se trouve en quelque sorte pendu à vos lèvres, guettant ainsi, haletant, chacune de vos réactions. Votre sagesse et votre vécu font de vous une personne honorable et qu'on ne saurait contrarier. Une dernière fois, vous allez pouvoir faire la démonstration de votre savoir et illuminer votre propre vie ainsi que celles des autres par un comportement et une attitude exemplaire quoi qu'il advienne. Il n'y a rien que vous ne puissiez relever. Cette carte parle des situations de vie auxquelles on peut être confrontés avant d'atteindre l'illumination. On est souvent au seuil des marches de la gloire, et il n'est pas question de perdre pied à ce moment précis et venir ainsi anéantir tous les efforts précédemment engagés. La vie attend de nous que nous restions résilients, courageux irréprochables face à l'adversité pour pouvoir décrocher le dernier maillon et accéder à une notoriété amplement méritée. Il est question de ne pas tomber dans le dernier piège que la vie met sur notre route pour mesurer notre intégrité pour accéder à ce palier suprême de la récompense.

Aspects du 9 mis en lumière avec les Bâtons : force intérieure et dépassement de soi, continuer à incarner ses valeurs, ne pas oublier les leçons du passé.

Dix de Bâtons

Voici la carte qui représente la perfection et le plus haut degré d'exigence que l'on puisse avoir vis-à-vis de soi-même, puisque le 10 offre ici la représentation parfaite que l'on peut se faire de la version la plus aboutie de nous-mêmes, de nos actions et de notre valeur dans le monde. Il peut être même question sous certains aspects de vouloir être plus royaliste que le roi. Ainsi, cette quête de perfection vous conduit sur des chemins qui vous amènent à penser qu'on n'est jamais mieux servi que par soi-même et vous vous sentez investi de la mission et de l'obligation de ne pas décevoir qui que ce soit. La problématique soulevée ici est celle du surhomme. Alors, même si votre potentiel est sans doute infini aux yeux du divin, vous vous épuisez à toujours vouloir faire mieux et assumer plus que vos épaules ne peuvent recevoir. Ainsi, le poids des bâtons devient lourd et oppressant. Vous vous infligez une pression inutile. Vous avez fait vos preuves par le passé et vous n'avez plus rien à prouver à quiconque, alors à quoi bon vouloir dépasser un objectif qui a déjà été atteint ? La véritable question qui se pose à votre âme serait alors plutôt celle-ci : quelle nouvelle étape estimez-vous devoir franchir pour vous estimer autant que vous estiment les autres ? Le 10 vous invite à envisager de redistribuer votre énergie différemment pour ne pas perdre le bénéfice de ce que vous aurez initié. Soyez indulgent et acceptez que les personnes les plus fortes sont celles qui acceptent leur vulnérabilité.

Aspects du 10 mis en lumière avec les Bâtons : quête de perfection aliénante et excessive, peur de s'avouer vaincu.

Le 33 et le Valet de Bâtons

Le Valet de Bâtons a beau être candide et sembler ne pas très bien cerner où tous ses désirs qui commencent à naître en lui vont le mener, il n'en reste pas moins déterminé à vouloir honorer ses rêves et donner forme à ces sensations exquises qu'il ressent au fond de lui. En cela, ses intentions sont nobles, car il s'ouvre au monde des émotions. Il est donc très intéressant pour lui d'être accompagné par un maître nombre tel que le 33, car ce dernier va l'aider à comprendre la beauté du monde. Il va le guider pour qu'il fasse son expérience mais surtout il va participer à son éducation émotionnelle, car il sera le meilleur guide pour lui permettre de faire le discernement entre les émotions et sensations superficielles et celles qui au contraire le consument avec ferveur de l'intérieur et sur lesquelles il pourra compter pour faire vibrer ses aspirations les plus profondes et leur donner un réel sens. Si le Valet de Bâtons n'est qu'au commencement de cette aventure, il est dans de bonnes prédispositions pour comprendre les mécanismes de son feu intérieur, car, avec les Bâtons, on lui demande de se concentrer sur ce qu'il a envie de ressentir et d'éprouver, pour plus tard comprendre vraiment ce qu'est l'amour, car le 33 est un fervent serviteur de l'amour universel. Le 3 nous parle de communion, de communication mais aussi d'authenticité et de sincérité sur les vérités les profondes que notre cœur a besoin de connaître pour être nourri et comprendre ce qui concourt à son bonheur. Le 33 est un véritable meneur nourrissant le cœur des hommes, et il peut être inflexible sur les exigences de ce dernier, car il tend à la sincérité. Il se nourrit de l'authenticité des émotions.

Aspects du 33 mis en lumière avec le Valet de Bâtons: communion avec le monde, manifestation des émotions, beauté du monde.

Le 34 et le Cavalier de Bâtons

Avec le 34, le Cavalier de Bâtons va se confronter à une forme d'éveil spirituel sans le savoir. Si son impétuosité et la fougue de ses envies peuvent paraître de prime abord légitimes, il n'en reste pas moins que son énergie débordante n'est pas toujours très bien canalisée, et en cela, il pourrait bien se heurter à un retour de Bâtons. La foi matérialisée par le 7, lui-même issu de l'addition du 3 et du 4, procure au Cavalier de Bâtons une confiance infaillible, mais à la limite de l'insolence. Lorsque le 4 n'est pas bien maîtrisé, il peut représenter un affront à la discipline et le 3 peut également être porteur d'une certaine arrogance. Le 34 aura alors à cœur de ramener ce cavalier à la raison afin de prévenir certains comportements qui pourraient lui être néfastes. Son énergie débordante de désir et de passions encore inassouvies le pousse à dépasser certaines limites, alors qu'elle pourrait lui permettre de jouer une belle carte dans le plaisir de découvrir l'inconnu et les mystères de la vie encouragés par le 7. À force de mal canaliser son énergie, il ne saisit pas toujours qu'il joue parfois à contre-courant de ses propres ambitions et c'est bien en cela que le 34 lui est utile, car ce nombre vient nous parler de retards et de changements hasardeux qui pourraient être évités si la prudence était de mise. Seulement, le Cavalier de Bâtons n'a qu'une idée en tête : partir à l'aventure et à la conquête de terres inconnues, mais sans avoir pris le soin d'échafauder les bons plans. Il remet les réflexions et le bon sens à plus tard, car il ne brûle que par le feu intérieur de l'action qui se cristallise sur une idée unique et obsessionnelle bien souvent. Il est prêt à aller jusqu'au bout quoi qu'il advienne et prendre des risques ne lui fait pas peur. Toutefois, il y a fort à espérer que le 34 le soutiendra dans son aventure afin d'éviter que sa démesure ne lui fasse pas perdre le sens de sa morale.

Aspects du 34 mis en lumière avec le Cavalier de Bâtons: fougue, impétuosité, risques encourus.

Le 35 et la Reine de Bâtons

Elle est animée par le feu de la passion et assume pleinement ses désirs qu'elle porte au rang le plus légitime de toutes les envies qui l'animent. En ce sens, le 8 qui résulte de l'addition du 3 et du 5 pour le 35 est déjà un excellent serviteur pour la Reine de Bâtons, car il vient soutenir son tempérament magnétique et passionné. Le 3 matérialise l'expression pure et simple de ce qui la fait vibrer et le 5 vient confirmer cette grande liberté qu'elle s'octroie pour sentir et ressentir ce que bon lui semble. Le magnétisme et le dynamisme du 8 vont de pair avec son énergie et ce charisme qu'elle impose par le simple fait qu'elle s'assume telle qu'elle est. Ainsi, elle est porteuse d'un message que nulle ne devrait ignorer :

quelle abondance choisit-on d'apporter à notre vie ? Qu'est-ce qui met le feu à notre âme ? Le 3 et le 5 étant d'excellents nombres pour la verbalisation et la manifestation, la Reine de Bâtons nous explique alors qu'il n'y a plus d'excuses pour s'empêcher de vivre ses rêves et qu'il est désormais impératif de se donner les moyens pour réaliser ses rêves et accéder à des réalisations qui sont parfois au-delà de nos espérances. Avec le 8, on bénéficie à la fois des qualités de courage, de créativité et d'indépendance grâce au 3 et au 5 qui sont favorables aux entreprises fructueuses. Quoi qu'il advienne, on a la force de faire face aux difficultés et on se relève plus fort que jamais, car la Reine de Bâtons est connue pour sa capacité à faire briller et diffuser sa lumière. Elle est un véritable exemple de réussite et de volonté sans faille.

Aspects du 35 mis en lumière avec la Reine de Bâtons : désirs ardents, énergie vitale, dynamisme, émancipation, réussite.

Le 36 et le Roi de Bâtons

Le Roi de Bâtons est la figure d'autorité suprême. Il est celui qui vient valider la légitimité de nos envies et désirs les plus forts à condition que ces derniers nous amènent vers les hautes sphères. Le 36 est présent avec le Roi de Bâtons, car l'un comme l'autre expriment la vérité du cœur, ils ont bien compris que seules des émotions et motivations saines et valeureuses nous amènent avec force et réalisation vers nos idéaux les plus lumineux. Avec le 36, on comprend qu'on a affaire à un roi empathique qui se tient à disposition de son peuple. Son charme, son charisme et son éloquence font de lui un personnage qui se met au service de ceux qui l'entourent en qualité de bon père de famille mais il sait se faire entendre, car il a l'art et la manière de savoir communiquer sa ferveur. En effet, le 36 suggère que le roi a compris que la force de son royaume repose sur la qualité des échanges qu'il nourrit avec ceux qui l'entourent. On mise avant tout sur ce qu'il y a de meilleur et cette carte peut donc vous inviter à vous entourer de ceux qui portent les mêmes valeurs et le même enthousiasme que les vôtres. Pas de place pour des relations ou des projets superficiels avec le 36 et le Roi de Bâtons. Seule la voie du cœur et de l'envie est valeureuse, car c'est elle qui mène vers une certaine effervescence. Le 36 parle de cette énergie créatrice facilitée et fluidifiée par l'harmonie des rapports et des échanges exaltants, l'écoute et l'authenticité de nos besoins. Le Roi de Bâtons ne perd pas la main, car il a su faire le distinguo entre ses envies et ses besoins pour finalement les conjuguer harmonieusement à son service et au service de tous. De par sa stature, il protège à l'image du 36 qui soutient les appuis et autres protections venues d'ailleurs.

Aspects du 36 mis en lumière avec le Roi de Bâtons: notoriété, charisme, force empathie, idéalisme.

Les Coupes

Elles sont l'élément phare qui vient nous parler de nos émotions, de nos sentiments et de tout ce qui rend vivant notre cœur dans sa capacité à aimer et être aimé. Elles rendent hommage à notre intimité et nous permettent aussi souvent de comprendre quels sont les schémas affectifs qu'on aurait tout intérêt à épouser et ceux auxquels on est invité à renoncer.

As de Coupes

Notre cœur est flambant neuf et, avec le 1 qui représente l'As de Coupes, on a envie d'aimer différemment et de se découvrir sous un jour nouveau par rapport aux sentiments. Nos intentions affectives et sentimentales font peau neuve et l'émergence d'un renouveau est sur le point de se manifester. Une étincelle nouvelle jaillit de notre cœur et elle est insolite. Elle brille comme jamais elle n'a osé briller auparavant. La coupe de l'amour est pleine et abondante, investie d'une énergie prête à être diffusée et abreuver de son panache le monde entier. Cette carte peut également signifier qu'on est prêt à donner une nouvelle chance à l'amour, et surtout qu'on a confiance en lui cette fois, car il va offrir l'opportunité de se découvrir à travers une nouvelle façon d'aimer et d'être aimé. Le début d'une romance avec une saveur particulière singulière qui se distinguera de tout ce qu'on aura connu précédemment pourrait redonner du baume au cœur. Les rencontres et partages affectifs en perspective n'auront alors plus rien à voir avec ce qu'on a pu connaître dans le passé. Puisque le 1 se distingue, marque le renouveau et qu'il aime souvent sortir du lot, il annonce également avec les Coupes qu'une rencontre qu'on ne fait qu'une fois dans une vie peut se présenter sur le pas de notre porte et qu'elle est destinée à nous initier à quelque chose de singulier dans le registre des sentiments. Avec l'As de Coupes, vous allez vous sentir au diapason de l'unité et l'amour du divin, alors vous serez disposé à vous ouvrir à de nouveaux concepts et permettre à l'amour de trouver de nouveaux moyens d'expression pour vibrer en vous et lui permettre de se diffuser.

Aspects du 1 mis en lumière avec les Coupes : l'amour est plus fort que tout, nouvelles relations affectives, nouvelle façon d'aimer.

Deux de Coupes

Si le 2 évoque sous certains aspects dualité ou division, ici, avec le 2 de Coupes, il parle de profusion, d'union et d'harmonie dans les rencontres amoureuses et affectives en général. Cette carte symbolise la réunion et la communion des âmes sœurs. Il est aussi question des rencontres symboliques et des rendez-vous que nous avons fixés avec le destin pour y retrouver les personnes qui vont venir nous apporter le réconfort affectif et émotionnel que nous méritons. Ici, les Coupes sont abondamment remplies et à niveau égal. Chacun abreuve l'autre de ses trésors affectifs, il n'y en a pas un pour desservir l'autre, il est question du 2 qui marche main dans la main, de deux unités qui avancent et cheminent à l'unisson. C'est l'union qui fait la force et elle n'a pas besoin de modèle, car les deux âmes qui vibrent sur la même essence se confondent désormais. Elles ont la capacité de transcender la réalité des rencontres parce que chacune d'elle a fait le tour de la question concernant les besoins affectifs qu'elle était capable de donner et recevoir en retour. Elles ont su apprivoiser leur dualité face à l'engagement et transformer leur part d'ombre en lumière, et bien souvent cette lumière a pu être révélée dans la rencontre. Avec le 2 de Coupes, on ne badine plus avec l'amour, car on comprend qu'il est l'ingrédient essentiel pour réveiller et se marier avec la part divine qui sommeille en nous depuis toujours.

Aspects du 2 mis en lumière avec les Coupes : rencontre de l'âme sœur, amour parfait, sentiments comblés et réciproques.

Trois de Coupes

Le 3 n'aurait su trouver meilleure place parmi les Coupes pour véhiculer le message de joie, de festivités, de bonheur partagé, de gaieté et de besoin de célébrer. Cette carte symbolise aussi l'amitié et les projets qu'on peut soutenir et concrétiser entre amis. Il est ici question de légèreté et de bienveillance. Le 3 de Coupes nous dit que l'abondance affective peut aussi se trouver parmi les amitiés sincères, car on est ici en présence d'un 3 qui ne triche pas, qui ne manipule pas et qui a gardé sa vibration candide et authentique, à l'image d'un enfant dépourvu de tout intérêt quelconque. Les cadeaux que la vie propose méritent d'être partagés. L'allégresse et l'enthousiasme éprouvés ont besoin d'être criés sur tous les toits du monde pour prouver que le bonheur existe et qu'il ne saurait rester en huis clos. Puisque le 3 nous parle de communication et d'échanges, il trouve avec les Coupes une place d'honneur pour ce qui est du partage, un partage que l'on veut prolifique pour tous. Si plus de personnes ressentaient les bénéfices du 3 de Coupes, le monde se porterait bien mieux.

Dans certaines situations, mais tout dépend des autres cartes qui accompagnent votre tirage, il peut aussi être question d'une amitié amoureuse ou d'une relation triangulaire. Pour autant, les amours n'en demeurent pas moins sincères. On ne saurait se partager, ni choisir, car on est comblé autant par un amour que par l'autre, au même titre qu'on partage nous aussi les trésors de notre cœur.

Aspects du 3 mis en lumière avec les Coupes : festivités, échange, partage, joie de vivre et d'être ensemble, amitiés sincères, bienveillance, amitiés amoureuses.

Quatre de Coupes

Ici, le 4 avec les Coupes vient nous parler du manque affectif, du vide que l'on peut parfois ressentir en soi et qui mène à une forme de mélancolie, de perte de joie de vivre. Quelque chose manque pour que l'on soit comblé et on préfère se focaliser sur ce manque au lieu de considérer les domaines dans lesquels nous sommes déjà comblés. Mais si le 4 vient accompagner les Coupes, c'est justement pour nous engager à réfléchir sur les efforts que nous sommes prêts à investir pour combler ces lacunes, en travaillant dessus, en nous responsabilisant par rapport aux domaines en question. Le 4 nous demande de considérer la façon avec laquelle nous construisons notre réalité. Au final, le 4 de Coupes nous informe aussi sur notre propre restriction affective. Quel que soit le domaine, nous ressentons et éprouvons le manque parce qu'une partie de nous s'est refusé à mettre tout son cœur à l'ouvrage dès le départ. En réalité, le vide que l'on ressent pourrait être inhérent à une forme d'avarice de nos propres sentiments et émotions. Il est question de nos failles en matière d'aimer, mais le 4 ne nous en voudra pas, car il est le principe même de la restriction dans la matière. Néanmoins, on peut faire de ce manque une nouvelle force pour construire alors avec plus d'engagement et de pragmatisme. Cette carte vient révéler notre talon d'Achille pour nous faire sortir de notre propre lamento. Puisque les 3 de Coupes semblent représenter les secteurs de vie dans lesquels nous semblons être bénis, quelle partie de nous œuvre à combler cette fameuse part manquante ? Il faudrait aller regarder avec le 4 aux racines de nos constructions pour remplir ce vide et choisir avec quels matériaux...

Aspects du 4 mis en lumière avec les Coupes : manque, rigidité émotionnelle, verre à moitié vide, avarice sentimentale.

Cinq de Coupes

Ici, le 5 nous demande de sécher nos larmes, car la situation sur laquelle nous pleurons appartient déjà au passé et il convient d'avancer. C'est le mouvement de la vie qui nous emporte avec le 5 et on n'a d'autre choix que celui d'aller de l'avant. La meilleure manière de sortir de cette situation est de compter sur la vibration du 5 qui prône le mouvement. Il ne sert à rien de s'apitoyer sur son sort, car demain est déjà présent, mais on ne saurait le voir en se retournant constamment sur le passé et ce que l'on pense avoir perdu. Quelque chose nous a échappé et rien n'aurait pu l'empêcher, car c'est l'œuvre de la vie qui en a décidé ainsi. Le 5 révèle ici que cela a été vécu et perçu avec brutalité, stupeur et de façon inattendue. Mais comme les Coupes évoquent nos sentiments et que le 5 insiste sur la libération, il y a fort à parier que notre perte se révèle être un tremplin, parfois même un cadeau de la vie pour nous libérer d'une situation, d'une histoire qui aurait entravé notre croissance et notre évolution. Qui vous dit qu'en réalité tout cela n'arrive pas pour votre plus grand bien ? Le 5 vous préserve de succomber aux pièges de l'aliénation affective et vous dit qu'il vous faut partir tant que la porte est encore ouverte. Le salut est celui de la liberté. Le caractère intemporel et éphémère de ce qui est à un instant précis avec le 5 est destiné à muter pour nous faire grandir émotionnellement et affectivement avec les Coupes.

Aspects du 5 mis en lumière avec les Coupes : tourner la page, aller de l'avant, changer et ressortir grandi d'une épreuve affective.

Six de Coupes

Le 6 de l'amour et de la candeur de l'enfance vient faire souffler un vent de nostalgie. Les aspects du 6 ici présents se veulent chatoyants et ancrés dans les réminiscences, ces sensations d'antan qui nous ont procuré tant de bien-être et de volupté. C'est notre terre de refuge, l'endroit dans lequel nous aimons être ramenés pour y trouver le réconfort d'autrefois. On replonge ainsi à volonté dans les délices de notre madeleine de Proust mais, même si on se souvient du bon vieux temps, on ne devrait pas avoir autant de regrets et de vague à l'âme. Cette carte indique que vous pourriez être tenté de retrouver des personnes de votre passé en mémoire de ce qu'elles vous ont apporté autrefois. Le 6 dans cet aspect évoque aussi l'amour pur et sincère et nous indique finalement que c'est cette énergie avec laquelle vous avez besoin d'être reconnecté. Le 6 de Coupes vient parler du terreau fertile de nos amours, des ingrédients originels que nous avons mis dans notre réalité d'incarnation et dans lesquels nous pouvons puiser à volonté. Ainsi, au lieu de s'attarder sur les souvenirs qui ne sont plus, il nous appartient de les faire revivre, de les faire évoluer en nous appuyant sur la saveur qu'ils ont encore dans notre cœur. Ce que nous avons appris de bienfaisant dans notre enfance, autrefois ou en compagnie de ceux qui nous ont aimés et choyés, est destiné à être partagé et honoré. Dans certaines situations avec ce 6, cette carte peut évoquer aussi le souvenir et la protection d'une grand-mère.

Aspects du 6 mis en lumière avec les Coupes : enfance, nostalgie, souvenirs d'antan, cocon affectif.

Sept de Coupes

Ici, le 7 est dans son élément, puisqu'il est mis en lumière avec les Coupes par le biais des mécanismes subtils du fonctionnement de notre pensée et de tout ce qui entre en ligne de compte dans notre psyché impliquant nos émotions les plus secrètes, les plus vives ou refoulées dès lors qu'il est question de faire un choix. Ainsi, le 7 vient ici nous livrer les secrets de nos chimères et révèle ce qui a trait à notre imagination. Cette carte délivre des messages précieux sur l'idée qu'on se fait d'une situation et tout ce que cela implique dans les croyances limitantes ou débordantes qu'on peut se faire, les histoires qu'on est capable de se raconter ou ce sur quoi nous faisons l'impasse. Parmi tous les potentiels qui s'offrent à nous, il est question de faire un choix. Étant donné que le 7 détient une part de mystère, il y a des choses que l'on peut ressentir, d'autres sur lesquelles on peut fantasmer et d'autres qui ne manqueront pas de nous étonner. Pour l'instant, rien n'est concret et tout se passe à l'intérieur de nous comme le rythme du 7 l'impose, tout est dans notre cerveau et dans le monde intérieur. Ainsi, la réalité peut être beaucoup plus dorée, ou bien moins fameuse qu'on ne l'aura imaginé, et ces interrogations obsèdent et suscitent toutes les questions possibles et imaginables. Le 7 ne nous cache pas les choses par vice ou pour punir, mais parce qu'il attend de nous que nous fassions fonctionner notre intuition. Il nous fait perdre les repères que nous avons habituellement pour faire nos choix. Cette situation explique que ce n'est pas un choix comme les autres, car le 7 aime l'atypique. Mais encore une fois, dans cette situation, l'instinct prendre le pas sans qu'on ait les tenants et les aboutissants. Cette carte explique que vous pourriez également être comblé d'une façon qui ne manquera pas de vous surprendre.

Aspects du 7 mis en lumière avec les Coupes : chimères, imagination, part d'inconnu, intuition, fantasmes.

Huit de Coupes

Le 8 de Coupes va vous demander de sortir de votre chrysalide, car, avec le 8, l'heure est à la métamorphose. Il est ici question d'un 8 qui fait également intervenir la réalité de notre karma, car on est invité à abandonner des versions désuètes de nous-mêmes que l'on traîne parfois d'incarnation en incarnation, à l'instar d'un acteur qui aurait trop souvent joué le même rôle et qui souhaite désormais devenir plus authentique et se rapprocher davantage de son essence profonde. En effet, cette carte fait également intervenir la dualité du principe du 8 qui se trouve à mi-chemin entre ses préoccupations matérielles et son engagement spirituel. Vous êtes invité à abandonner non pas les choses ou les gens mais plutôt votre façon de les envisager. Ici, le 8 illustre parfaitement l'alliance ambivalente entre la boucle du bas et celle du haut qui traduit les compromis que nous sommes amenés à faire en permanence pour vivre à la fois notre vie sur Terre, tout en étant ancrés dans la matière avec les obligations que cela représente. Mais cette carte indique que toutes ces versions de vous-même qui ne sont plus à jour ont fait leur temps et méritent de quitter vos énergies. C'est parfois un mode de vie, un mode de pensées auquel il convient de renoncer pour avancer dans un cheminement spirituel en vue de retrouver cet endroit où notre force est restée intacte. Cette étape marque un avancement. On se dépouille de nos croyances, de nos biens et on y renonce grâce à la force de nos sentiments, car on sait ce qui est juste. Personne n'a rien vu venir, pas même nous parce que le processus d'évolution s'est mis en marche discrètement, mais il est désormais mature et on ne saurait l'enrayer.

Aspects du 8 mis en lumière avec les Coupes : transformation, étape karmique dépassée, compromis entre le matériel et le spirituel.

Neuf de Coupes

La générosité du 9 est à son apogée. Cette carte vient nous annoncer qu'il y a un aboutissement heureux à nos demandes. Elle représente la réalisation de nos rêves les plus fous et, comme le 9 est généreux, il est à même d'exaucer nos prières au-delà de ce qui a été demandé. Dans cette configuration avec les Coupes, le 9 est aspecté dans le don inconditionnel de lui-même. Il offre la richesse que l'expérience de la vie lui a apportée sur tous les plans. Il règne une atmosphère de plénitude. Ce n'est pas que le cœur qui est comblé mais l'âme aussi. Le 9 indique et laisse entendre que c'est le résultat d'un processus, de grandes leçons d'âme qui ont été comprises et intégrées et que le chemin emprunté menait inéluctablement vers la grâce. Avec le 9, le champ des possibles est ouvert et il n'y a pas de restriction, car il porte en lui généreusement tous les fruits de la vie qu'il a récoltés, quel que soit le domaine. Il y a également l'idée de contempler et de profiter de sa victoire, de ce cadeau immense de repartir vers de nouvelles aventures. Ici, le 9 savoure et cette satisfaction fait partie de la récompense offerte par la vie. Il faut l'intégrer et la diffuser et, derrière tout cela, demeure la substance d'une pointe d'insatisfaction. En réalité, le 9 vient révéler qu'une partie de notre quête est parfois ailleurs, vers d'autres horizons qu'il nous reste à exploiter, car, bien que nos prières aient été entendues au-delà de nos espérances, un goût d'inachevé peut subsister. Le 9 soulève alors cette question : tu peux avoir toutes les richesses du monde, mais celle que ton cœur a occultée est de loin la plus importante et c'est bien elle qui t'apportera la félicité attendue.

Aspects du 9 mis en lumière avec les Coupes : générosité, partage, réponse du ciel, exaucer, le cœur a ses raisons que la raison ignore.

Dix de Coupes

Ne faire qu'un avec la réussite. Cette carte, au-delà de la réalisation des choses, vient aussi révéler un état d'esprit qu'on a su cultiver et qui porte ses fruits dans la matière. Avec le 10, il est ici question d'un leader inspirant et inspiré capable de puiser toute la force des grands principes de l'unité pour les ramener dans l'individualité de tout un chacun. Ici, le 10 a le rôle d'un mentor accessible, sans domination aucune mais qui force l'estime et l'admiration, car il sait et se sent au même rang que tout un chacun. L'éclat étincelant de son âme a su conquérir le monde sans jamais rechercher cet objectif. Les choses se sont faites naturellement. Cette carte parle de ce qu'on est capable de glaner autour de soi et en soi par le rayonnement naturel de l'être dans son expression la plus sublime. C'est aussi le regard que porte le 10 de Coupes sur cette notion de réussite et cohésion collective qui forme la grande famille humaine : la réussite des uns est également celle des autres. Les individualités forment le tout et vibrent à l'unisson, car chacun a tenu son rôle, ses promesses et l'engagement de son âme. Chacun est devenu ce qu'il était destiné à devenir et s'est accompli selon les desseins du divin, alors le masque de l'ego a fondu comme de la cire au contact des rayons du soleil. Le 0 amplifie l'amour partagé selon les concepts du créateur. Il est ici question d'un 10 qui se déguise sous le visage d'un dieu du créateur qui peut désormais se délecter de l'intégration de son message d'amour dans le cœur de tous. Avec le 10 de Coupes, on atteint un idéal affectif et sentimental, car on s'est donné les moyens humains et matériels d'y parvenir.

Aspects du 10 mis en lumière avec les Coupes : unité divine, perfection des sentiments dans la matière, cohésion, fusion.

Le 47 et le Valet de Coupes

Le Valet de Coupes est sans doute le plus mature de tous les valets. Du moins, même s'il garde comme les autres une forme d'inexpérience et d'immaturité émotionnelle, de tous les valets, il est celui qui a la plus grande maturité affective et émotionnelle. La part intuitive en lui est forte et bien aspectée et c'est pour cette raison que le 47 est son meilleur serviteur. Effectivement, ce nombre favorise et soutient la vie affective à condition qu'on fasse preuve d'ancrage grâce au 4, mais qu'on se laisse aussi porter par les élans de l'âme grâce au 7. L'addition de ces deux chiffres mène au 11, maître nombre incontournable quand on parle d'amour, puisqu'il représente la rencontre et l'alliance entre deux individus qui tendent à s'unir pour partager et se donner le meilleur à l'un comme à l'autre. S'il croise votre jeu, il peut venir aussi vous parler de ceux qui vous aiment en secret et plus particulièrement un prétendant, et que vous ignorez peut-être. Vous auriez bien tort, puisque l'amour de cette personne est pur et sincère. Peut-être est-elle d'ailleurs sur le point de vous faire une déclaration... En tout cas, si le Valet de Coupes apparaît dans votre tirage aujourd'hui, c'est qu'il veut vous rappeler les fondamentaux d'un amour sincère destiné à durer à travers le temps. Vous devez apporter une attention particulière à vos rêves oniriques ainsi qu'à ceux que vous pourriez faire les yeux grands ouverts, car le 47 nous rappelle qu'il est capable de ramener dans la matière (4) ce à quoi vous pensez et rêvez (7) du plus profond de votre âme. Cela représente les aspirations les plus ancrées dont vous avez besoin pour vous réaliser (11) et c'est bien de cela que vous devez prendre le plus grand soin pour vous ouvrir à l'expérience insolite de l'amour dans la matière. Enfin, le Valet de Coupes pourrait bien aussi venir vous prévenir des chimères, et autres désillusions ou faux-semblants quant à l'hypocrisie sentimentale que vous pourriez rencontrer face à quelqu'un de peu scrupuleux avec vos sentiments.

Aspects du 47 mis en lumière avec le Valet de Coupes : aspirations profondes, individus en fusion, rêves, envies, romantisme, évoluer à deux, début d'histoire.

Le 48 et le Cavalier de Coupes

Après avoir pris conscience du tourbillon intérieur et extérieur que pouvaient provoquer les émotions et sentiments en lui, le Cavalier de Coupes est bien résolu à poursuivre sa quête du bonheur à travers des amours plus saines et plus alignées que celles qu'il a connues par le passé et qui ont pu le déstabiliser. Il a traversé les océans émotionnels que la vie lui a proposés et s'est parfois laissé déborder et a également pu bouleverser ceux qui se trouvaient sur son chemin. Il fait son expérience en tenant compte des vestiges du passé mais ne renonce pas aux espoirs d'un futur prometteur. Comme chez tous les autres cavaliers, le côté excessif est une des caractéristiques de sa vibration, mais le 48 va l'aider à résoudre la problématique existentielle qui est la sienne : faire surgir et mettre à profit le bon côté des émotions et des sentiments afin de trouver le bonheur en amour et de se remettre en selle après une période de déstabilisations. Le 4 du 48 nous parle de structure et le 8 de passion, mais aussi de dépassement et de transformation dans les situations en lien avec l'amour. Les déconvenues rencontrées sur le chemin sont souvent de bon aloi pour parvenir à une réelle transformation. C'est aussi pour cette raison que le Cavalier de Coupes est le plus tempéré de tous les cavaliers et qu'il marche au pas sur sa monture. Il a compris que l'emballement amenait inéluctablement à la chute et les chemins de traverse.

Si le Cavalier de Coupes vient vous délivrer un message aujourd'hui, c'est qu'il a aussi retenu une leçon du passé : jouer aux jeux de l'amour en transgressant ses règles vous amènera peut-être à vivre et ressentir des sensations extraordinaires, mais si vous avez renoncé à la sincérité, il vous faudra alors en payer le prix. Les passions, à condition qu'elles soient dans l'harmonie, font vibrer ou *a contrario* peuvent détruire si elles sont mal exploitées. C'est aussi pour cette raison que le Cavalier de Coupes met en garde de ne désirer, ni convoiter quelqu'un ou quelque chose qui pourrait nous détruire.

Aspects du 48 mis en lumière avec le Cavalier de Coupes : tempérance émotionnelle, écouter son cœur, demeurer empathique, romantisme.

Le 49 et la Reine de Coupes

La Reine de Coupes est un exemple hors pair à suivre pour mener à bien les relations humaines et aimer de tout son être. Elle a compris et intégré le principe de l'amour universel et des lois qui le gouvernent. Elle incarne ses vérités de toute son âme et s'en porte garante.

C'est parce qu'elle est harmonieusement ancrée et alignée avec ses émotions que le 49 est à même de si bien l'accompagner. Son pragmatisme (4) mais aussi son intuition et son empathie (9) sont très affûtés quant aux gens et situations qu'elle rencontre. Sa sagesse est incontestable, car elle a également intégré que les désirs d'hier ne seront plus ceux de demain si la maturité affective n'est pas au rendez-vous. Elle fait le distinguo entre amour profond et désirs humains. Pour cette raison, elle attire à elle ceux qui pensent avoir été laissés pour compte par l'amour. Naturellement, elle soigne et soulage les âmes de tous ceux qui l'entourent ou viennent volontairement se confier à elle pour trouver réconfort, appui, soutien (4) et compassion (9). Le 49 nous indique aussi que, tout au long de son existence, elle évolue mais fait aussi évoluer les chemins de l'amour ainsi que la conscience de ceux qui l'entourent sur le sujet pour finalement atteindre un idéal (9), car, effectivement, ceux qui viennent la voir cherchent des réponses et du sens à leur cheminement spirituel à travers l'amour.

La Reine de Coupes nous éduque sur les grandes questions de l'amour, mais elle tend aussi à inculquer quelque chose de pérenne dans les liens qu'on tisse avec les autres. Pas question de s'engager à la légère et manquer de probité. Elle en appelle à notre vigilance sur le principe de construction et de soutien mutuel. Pour la Reine de Coupes, les amours et relations sincères riment avec entraide, partage et respect mutuel, mais aussi capacité à donner et recevoir sur un pied d'égalité sans limites dans l'espace et le temps.

Il se peut qu'elle apparaisse aujourd'hui dans votre tirage, car vous avez pu traverser une période d'errance ou de chaos affectif. Alors, par son énergie, elle vous tient la main pour que vous croyiez de nouveau en l'amour en n'oubliant pas les règles inconditionnelles qu'elle soutient pour une relation durable et vraie en vous gardant de faire l'impasse sur les leçons tirées de vos désillusions d'hier.

Aspects du 49 mis en lumière avec la Reine de Coupes: guérison émotionnelle, empathie, écoute, soutien, comble affectif, authenticité relationnelle, maturité affective, cheminement spirituel.

Le 50 et le Roi de Coupes

Dans le monde des émotions et des sentiments, le Roi de Coupes est celui grâce à qui on va se sentir soutenu et compris dans les moindres méandres affectifs et émotionnels de notre âme, car il est celui qui comprend et ressent mieux que personne les battements du cœur de tout un chacun. C'est pour cette raison qu'il est accompagné du 50, car il comprend parfaitement les sensations et ressentis les plus divers et variés qui existent dans le monde et, avec le 0 qui appuie le 50, il nous informe qu'il les maîtrise parfaitement. Il sait non seulement les accueillir pour lui-même et de la part d'autrui, mais il est également capable de les faire croître en harmonie. Il est celui à qui on peut venir se confier naturellement et il comprend parfaitement ce qui nous anime. Il a cette grande capacité de rassurer sur l'amour : on se sent libre et en toute confiance d'aimer et d'être aimé à son contact. Le 50 soutient le Roi de Coupes, car ils confèrent tous deux une sensation de pouvoir s'ouvrir et faire grandir l'amour qu'on peut retrouver pour soi et pour les autres. La générosité de cœur est soutenue par le 50, puisque aucune émotion, aucun sentiment ne saurait être laissé-pour-compte. Ce nombre parle du grandiose et le zéro nous rappelle qu'il n'y a pas de limite à cette grandeur exponentielle. Le 50 étant un nombre aérien, il confère au Roi de Coupes intuition et flexibilité. Alors que le 5 se contente parfois d'éphémère, en présence du zéro, le 50 s'ouvre davantage sur des projets de cœur qu'on fait grandir et qu'on transforme à volonté. Il ressortira lui-même grandi de la richesse et de la grandeur de tout ce qu'il lui aura été permis de ressentir et d'éprouver. On est comblé dans la diversité et la croissance. Le 50 libère aussi des mécanismes de l'ego qui entravent l'amour inconditionnel et en appelle à la vérité sur l'amour et les sentiments en général.

Aspects du 50 mis en lumière avec le Roi de Coupes : sécurité affective, amour inconditionnel, évolution sentimentale positive, maturité affective, intuition, révélations.

Les Épées

Elles représentent notre pensée, nos idées, notre mental, notre intellect. Elles peuvent venir nous parler tantôt de nos inspirations les plus pertinentes, tantôt de nos tourments les plus obsédants.
Avec les Épées, il y a peu de place, voire aucune, aux sentiments. Elles illustrent aussi parfois la tyrannie et la violence qu'on peut infliger ou dont on peut être victime. Il y a aussi l'idée des règlements de compte, mais aussi des stratégies à adopter pour tirer son épingle du jeu et du mental qu'on a intérêt à dompter pour lui faire avoir de brillantes idées plutôt que des pensées annihilantes.

As d'Épées

Le 1 vient ici révéler plusieurs aspects en présence des Épées. Il peut ici être question de l'alignement d'une pensée qui s'impose naturellement et qui se veut irrévocable, car elle vient tout droit du Ciel. Elle pourfend l'air pour descendre sur Terre et assener une vérité qui ne saurait être contestée tant elle inspire confiance et droiture. Elle s'impose par un rayonnement qui s'immisce dans le ressenti collectif. Cette carte peut également évoquer une idée brillante, une réflexion que vous menez d'une main de maître. Elle révèle également que vous demeurez impartial dans vos idées et que rien ni personne ne peut prétendre vous influencer. Des idées ingénieuses et pertinentes qui n'appartiennent qu'à vous suivent une logique et un cheminement bien précis qui vous distinguent et mettent en lumière votre intelligence et la vivacité de votre esprit. Votre sagacité fait la différence et vous devriez en être fier. Vous pourriez être pionnier dans un domaine ou être à l'origine d'une invention qui fera avancer le monde.

Appuyée par le 1, cette carte peut aussi venir nous parler d'un mental d'acier, de préparation mentale. Cela peut aussi signifier que vous allez vous rétablir ou que vous vous êtes relevé après une lourde épreuve et que vous êtes désormais plus fort que jamais.

Aspects du 1 mis en lumière avec l'As d'Épées: force mentale, idées brillantes et novatrices, vérité.

Deux d'Épées

Ici, le 2 s'illustre parfaitement dans sa force dorée et son aspect de dualité plus délicat. Il vient apaiser un conflit, une opposition d'idées et conseiller d'aller vers la conciliation et le compromis pour éviter d'enliser la situation dans une réalité plus conflictuelle. Il avertit que si les deux parties ou les deux idées qui s'opposent ne trouvent pas un terrain d'entente, il y a alors potentiellement la menace d'une aggravation d'un conflit dont personne ne sortira vainqueur. Dans cette situation, chacun peut y laisser des plumes, alors il conviendrait de limiter les dégâts pour les deux parties. Deux idées se valent et méritent d'être défendues malgré les opinions divergences qu'elles soulèvent. Les arguments et contre-arguments des deux côtés ont leur raison d'être et il sera sans doute difficile de trancher, car personne ne peut avoir tout à fait tort, ni tout à fait raison. Le 2 d'Épées invite à une réflexion posée et tempérée et conseille de ne justement pas prendre de décision fondée sur la valeur affective et émotionnelle pour essayer de rester le plus neutre possible. Au final, cette décision qui doit être prise vient révéler et mettre le doigt sur un blocage émotionnel auquel vous redoutez d'être confronté car il renvoie à des situations d'insécurité affective et conflictuelle que vous avez sans doute du mal à régler depuis toujours.

Aspects du 2 mis en lumière avec les Épées : dualité, opposition, confrontation, hésitation, compromis.

Trois d'Épées

Si le 3 est d'ordinaire un nombre qui invite à la joie et au partage, il se trouve ici enlisé dans les méandres affectifs d'un cœur brisé. En effet, il semblerait que la vibration du 3 ait été malmenée dans cette situation. Notre cœur souffre probablement à cause de mensonges, de non-dits, de trahison, de paroles malheureuses. Les vertus du 3 n'ont pas été respectées. Depuis le départ, une situation méritait sûrement d'être éclaircie et éclairée mais elle s'est ternie à force de mensonges et de non-dits. Des paroles malheureuses, des mots qui donnent vie à des maux ont pu également être prononcés. Avec le 3, il y a souvent la notion de tricherie et de trahison quand une énergie qui se veut candide et sincère est bafouée. Lorsque le 3 tourne à l'envers, il peut aussi représenter le côté superficiel et puéril de ce qui est et renforce la tromperie. On pleure et on se sent affligé car on a le sentiment d'avoir été dupé et manipulé. Dans ces énergies, le 3 fait beaucoup de mal, mais il donne une leçon de vie essentielle : l'honnêteté et la sincérité. Le cœur ne ment jamais et lorsqu'il est trahi, les conséquences se résument à l'amertume et au chagrin. L'importance de ne pas se forcer à composer lorsque le cœur n'est pas au rendez-vous pour éviter de se compromettre, se mentir à soi et à l'autre est primordiale.

Malgré le chagrin qui nous afflige, le 3 révèle aussi que cette souffrance doit être exprimée et verbalisée.

Aspects du 3 mis en lumière avec les Épées : trahison, manipulation, mensonges.

Quatre d'Épées

Ici, le 4 s'illustre dans ce qu'il a de plus rudimentaire et de plus fiable à exposer à la fois. Ici, les Épées accompagnent le 4 pour parler d'une réparation, d'une réhabilitation que nous avons besoin d'opérer en nous. Elles rappellent les pensées, idées noires, voire assassines, que nous pouvons parfois nourrir vis-à-vis de nous-mêmes ou des autres. Ces pensées sont accablantes et c'est pour cette raison que notre corps physique mais aussi notre mental ont besoin de repos pour faire cesser ce brouhaha assommant. Ces pensées et idées prennent trop de place et il est souvent question d'une place illégitime. Le 4 va alors œuvrer pour les remettre en ordre et à une juste place. Pour retrouver votre clarté d'esprit, le 4 va vous obliger à plus de rigueur dans votre appréhension des situations mais aussi à revisiter vos priorités. Le 4 est le nombre qui est garant de l'ordre et de la discipline. Il vous met en garde : une énergie dispersée et mal distribuée peut vous amener à un surmenage émotionnel et intellectuel. La fatigue mais aussi un stress et une anxiété sans précédent vous guettent si vous n'œuvrez pas maintenant pour un retour au calme et à la sérénité. Avec le 4, comme les choses cheminent doucement, cette carte vous dit qu'il est encore temps de prendre les choses en main, mais il est aussi celui qui enracine et ancre ce qui doit l'être dans la matière et le temps. Il est alors de votre devoir d'agir maintenant pour éviter qu'une situation redoutable prenne racine. Il en va de vos actions, de votre discipline mais aussi de votre volonté à corriger et mettre un terme à ce qui n'est plus aligné et constructif pour votre saine évolution.

Aspects du 4 mis en lumière avec les Épées : restructuration, repos, réparation, psychorigidité, surmenage.

Cinq d'Épées

Ici, il est question du 5 qui s'illustre dans son côté excessif. On a abusé d'un pouvoir ou d'une position qu'on avait face à autrui. On savoure un vent de liberté et quelque chose a été assouvi, une vengeance, une envie, mais cela reste très furtif. Si une victoire a été remportée, elle n'est que temporaire et elle l'a été de façon déloyale. Ici, le 5 parle aussi du retour de bâton et du caractère éphémère de ces petites batailles remportées dont on se délecte, mais qui n'ont rien à voir avec une véritable victoire. Il faudra alors se tenir prêt à en assumer les conséquences le moment venu. Le 5 d'Épées soulève la question autour des trahisons, des coups d'épée dans le dos qui ont été menés de façon assez primitive et avec une certaine forme d'immaturité.

Ce qui est blessant, c'est qu'ils peuvent venir de la part de personnes qu'on ne soupçonnait pas et qui ont pu agir ainsi par faiblesse. Il y a derrière le 5 le caractère intempestif et surprenant de la tournure que peuvent prendre certains événements. Si les coups bas viennent de ceux en qui nous n'aurions jamais dû placer notre confiance, cette carte révèle aussi que nous pourrions répondre à l'appel de nos bas instincts et que nos réactions par rapport aux événements pourraient être disproportionnées ou surprenantes. Car, avec le 5, on cède à des pulsions et on peut se laisser surprendre soi-même par nos propres réactions. Ainsi, sous le coup de l'impulsivité, on peut détruire tout ce qu'on a mis un temps fou à construire en une fraction de seconde dans n'importe quel domaine de notre vie.

Aspects du 5 mis en lumière avec les Épées : impulsivité, coups de théâtre, mauvaises surprises.

Six d'Épées

Ici, le 6 vient se confronter avec les Épées à notre sphère affective une nouvelle fois. Il révèle les blessures émotionnelles, les marques à l'âme qu'on peut porter en raison des blessures infligées par ceux qu'on aime et qui ont pu nous trahir. Il conviendrait alors d'envisager de s'éloigner d'un environnement nocif qui n'apporte rien d'autre que des tourments. La raison pour laquelle l'éloignement peut être si douloureux, c'est parce qu'à l'origine nous avions mis toute notre confiance et tout notre amour dans une situation, une relation et qu'on était convaincu d'être en terrain conquis et chaleureux. Le départ marque aussi qu'on a évolué en maturité et que la barque de la vie qui nous emmène vers de nouveaux horizons saura mettre sur notre chemin les bonnes personnes pour nous reconstruire affectivement. On traîne des problématiques émotionnelles, mais on est capable de les laisser derrière soi comme on larguerait les amarres pour partir en mer et s'alléger. On quitte aussi un environnement, une famille de cœur que l'on chérissait, mais les flots de la vie nous mèneront vers de nouvelles rencontres et nous feront expérimenter de nouvelles émotions. Il y a derrière le 6 le culte de l'harmonie et de l'espoir. Malgré la peine qui nous déchire à l'idée de partir, quelque chose en nous est apaisé par un sentiment de sérénité, provoqué par l'idée qu'on sera de nouveau choyé, dans le futur, grâce aux rencontres que la vie aura mises sur notre route.

Avec une lecture parallèle, cette carte peut aussi évoquer l'amour que l'on se porte en prenant en considération les besoins de nos émotions, mais surtout en évitant de se conforter dans des situations où nos sentiments pourraient être mis à mal. Il faut parfois avoir la force de quitter ceux qu'on aime, surtout lorsqu'on est susceptible de se nuire mutuellement lorsque l'amour est immature.

Aspects du 6 mis en lumière avec les Épées: maturité affective, panser ses bleus à l'âme, nouvelles rencontres.

Sept d'Épées

Ici, le 7 vient appuyer sur tout ce qui a trait au mystère. Mais avec les Épées, il est représenté sous un aspect fourbe et nébuleux. Il n'est ici pas question de mystique, mais de manigances. Un mauvais tour se prépare dans l'ombre et ce qui se trame à l'horizon ne manquera pas de vous tourmenter. Une personne isolée ou un petit groupe tapi dans l'ombre est sûrement sur le point d'élaborer un stratagème finement rodé pour monter un coup de maître et vous duper. Il est ici question de fourberies, de manipulation en tout genre et on a affaire à la malhonnêteté. Là où le 5 d'Épées nous parlait déjà de trahison et présentait plutôt quelqu'un de belliqueux, ici, avec le 7, il est également question de manipulation et de malhonnêteté, mais tout se passe en coulisses. Il se peut également que ceux qui vous nuisent ne le fassent pas délibérément, mais ils agissent sans scrupule et contre vous, vous pourriez être le dommage collatéral d'un stratagème. Tout est caché et tout est secret avec le 7 et les Épées. On a souvent affaire à quelqu'un qui porte un masque qui ne dévoile même pas toutes ses cartes et qui les cache même à ses acolytes. On peut être en face d'une personne à l'esprit atypique excentrique, qui peut parfois même être habitée d'une certaine folie. Les idées qui traversent l'esprit de ceux qui nous trahissent sont spectaculaires.

Sous d'autres aspects, cette carte peut venir parler de vampires énergétiques, de personnes qui volent aussi les idées et manipulent le mental, car ils sont guidés par de mauvais instincts et sont capables de tromper l'intuition des plus affûtés.

Aspects du 7 mis en lumière avec les Épées : duperie, sournoiserie, manipulation mentale, vampire énergétique.

Huit d'Épées

Ici, le 8 vient nous parler des blessures de notre âme et de ces angoisses face auxquelles on se sent impuissant et totalement démuni, car elles ne semblent donner aucune piste logique et rationnelle quant à notre état d'être. Elles nous enferment souvent depuis des périodes immémorables. En réalité, le 8 vient nous révéler leurs origines : elles pourraient être en lien avec des problématiques karmiques ou transgénérationnelles, puisque le 8 représente ces deux dynamiques. Toutefois, même si on est prisonnier de notre condition par rapport à l'histoire de notre âme ou celle de nos ancêtres, le 8 indique que nous détenons le pouvoir de tout changer et de transformer notre karma par rapport à une situation donnée. Lorsque le 8 dysfonctionne, il amplifie les émotions incubées et elles peuvent devenir exacerbées. Ainsi, lorsqu'elles tournent en circuit fermé, le seul moyen de s'en libérer, c'est d'affronter les peurs en question et le 8 est le meilleur partenaire pour le faire, puisqu'il part volontairement au front. Le premier combat se joue avant tout en nous et il sera salutaire, puisqu'il promet de se libérer d'une situation qu'on imaginait inextricable. Mais il prévient surtout qu'il sera honorable de laisser derrière soi une dette karmique et d'éviter d'en faire naître une nouvelle. Il y a aussi derrière l'idée de cette carte que les décisions que nous prendrons pour affronter ces angoisses seront durables et concourront à redéfinir de nouveaux paradigmes pour notre destinée. Mais même si cela doit nous demander des efforts, le jeu en vaut la chandelle et il n'est pas question de baisser les bras. C'est au summum de la difficulté que l'on peut se délecter des plus belles victoires. Avec le 8 d'Épées, on a parfois encore plus peur des moyens que l'on va utiliser pour se libérer de ce qui nous entrave, mais au bout du chemin, plus rien ne saurait nous effrayer.

Aspects du 8 mis en lumière avec les Épées :

karma, peurs anciennes et paralysantes, ancêtres, pouvoir personnel, combativité.

Neuf d'Épées

Ici, le 9 se présente sous un visage austère. Comme la Lune qui porte le 9 en elle avec le 18, encore une fois, le 9 ouvre un voile sur toutes ces angoisses et émotions que l'on ne parvient pas à digérer. Comme pour l'Hermite et pour la Lune, le 9 ici avec les Épées chemine dans le noir et vient révéler la face cachée de nos cauchemars. On parle souvent de la nuit noire de l'âme et cette carte est tout à fait représentative du concept. On cherche la lumière dans l'obscurité des méandres de nos pensées les plus tortueuses. Ce que l'on n'arrive pas à résoudre et toucher du doigt avec des mots nous tourmente et vient hanter nos nuits. Ici, le 9 parle de la confusion. Les regrets et les chagrins du passé viennent se confondre avec les préoccupations présentes et un futur incertain. Ici, le 9 présente le vide intersidéral dans notre cœur et le désespoir le plus profond. Lorsque le 9 perd de sa chaleur, il devient glacial, à la limite de la cruauté. Il se déshumanise et c'est bien ce qui est au cœur du problème : cette situation représente le désarroi face au manque d'écoute et d'empathie. On est isolé, on s'isole et on a du mal à se faire comprendre. On est seul avec soi-même et le monde entier semble se désintéresser, ou du moins ne prêter aucune attention à ce qui nous arrive. En réalité, cette anxiété et tout le stress psycho-émotionnel qui en découle révèlent que ce sont bien les idées que l'on se fait du jugement des autres qui nous mettent dans cette posture.

Aspects du 9 mis en lumière avec les Épées : froideur, désert affectif, angoisses nocturnes, troubles psychosomatiques.

Dix d'Épées

Ici, le 10 accompagne les Épées, car une forme de reprogrammation des énergies s'impose. Après une défaite cuisante, l'énergie du 1 accompagnée du 0 invite à une forme de renaissance. Il n'y a d'autre choix que de se relever. Il est ici question du 10 de la résilience. L'épreuve chaotique traversée nous révélera plus forts que jamais, mais impose qu'une prise de conscience majeure soit faite. Rien ne sera jamais plus comme avant et le nouveau départ s'impose bien plus souvent de force que de gré. Les Épées accompagnant le 10 révèlent aussi qu'une identité que vous vous étiez construite de toutes pièces ou un personnage que vous incarniez inconsciemment ont été vaincus et n'ont plus lieu d'être. Cette identité doit disparaître pour faire place à la version la plus authentique de vous-même. Il est peut-être même question d'autodestruction, comme si une partie de ce personnage s'était fait prendre à son propre piège. Vous pouvez parfois être votre pire ennemi, en ayant des idées autodestructrices ou en prenant des décisions qui vous desservent amplement, menant souvent à l'anéantissement de tout ce que vous avez réussi à ériger et à votre propre destruction en un rien de temps. Avec le 1 du 10, il est également question d'une image ternie, d'un ego froissé, mais dont nous sommes les seuls responsables et la culpabilité est au cœur de vos tourments. Toutefois, avec le 1 et le 0, on peut reprendre un nouveau départ. Il est inutile de s'apitoyer sur ce qui a été, mais il convient désormais d'offrir le meilleur de soi pour repartir.

Aspects du 10 mis en lumière avec les Épées : autodestruction, problématiques narcissiques, nouveau départ inévitable, apprendre de ses erreurs.

Le 61 et le Valet d'Épées

En quête de connaissance et en soif d'apprentissage, le Valet d'Épées se trouve bien loti en présence du 61, puisque ce nombre met en évidence le 7 par l'addition du 6 et du 1 qui nous parle de savoir, de formation et d'apprentissage et de connaissances. Toutefois, la présence du 6 et du 1 en appelle à sa vigilance et l'invite à être plus alerte quant aux connaissances et informations qu'il enregistre mais aussi à la manière dont il va décider de les partager. A-t-il bien fait le discernement entre ce qui mérite d'être connu et diffusé à tous ? Est-ce que les informations sont justes et pertinentes ? A-t-il affûté son esprit et son discernement avant de prendre pour argent comptant ce qui lui a été transmis ?

Comme tous les valets, le Valet d'Épées peut faire preuve d'une certaine immaturité, mais il peut aussi être à l'origine de l'information qui va faire mouche ou mettre la puce à l'oreille. Le tourbillon d'idées et de concepts qui fusent en lui n'est pas toujours très bien maîtrisé et une parole malheureuse a vite fait de lui échapper. Pour mettre de l'ordre dans ses idées, il doit alors veiller avec le 6 du 61 à qui l'entoure, mais il doit aussi rester pertinent avec l'aide du 1 pour que sa crédibilité et son référentiel de connaissances se forgent. Porté par le 6, il est passionné par ce qu'il reçoit, mais il n'en reste pas moins vulnérable face à la critique, puisque le 7 nous apprend toujours que les réactions et le cheminement intérieur des autres sont parfois surprenants. Et le Valet d'Épées doit veiller à ne pas faire ses apprentissages au détriment des autres pour rester en harmonie avec autrui.

Aspects du 61 mis en lumière avec le Valet d'Épées: réactions imprévues, cheminement des pensées, idées affûtées, réfléchir avant de parler.

Le 62 et le Cavalier d'Épées

Si le Cavalier d'Épées brandit aussi bien le 62 que son épée, c'est parce qu'il arrive au grand galop dans votre vie pour revendiquer une justice avec force et dynamisme. Rien ni personne ne s'aventurerait à se mettre en travers de son chemin tant l'idée qu'il défend est claire et impétueuse. Son tempérament invaincu et fougueux lui donne ce caractère volcanique et invulnérable, car il se bat pour que justice soit faite ou reconnue. S'il a bien souvent raison sur le fond, il peut se révéler déstabilisant dans la forme. L'addition du 6 et du 2 qui compose le 62 mène au 8, chiffre de la justice par excellence. Mais le 62 invite tout de même le Cavalier d'Épées à une certaine pondération et à rester vigilant pour ne pas déclencher les foudres d'un adversaire et éviter de transformer une petite problématique en un énorme conflit. Avec son tempérament incisif, le Cavalier d'Épées a en effet le chic pour déclencher les foudres et les passions, car la bataille qu'il livre pour faire passer ses idées et parfois même soulever des problématiques peut vite se transformer en polémique. Pourtant, son objectif n'est pas de créer le chaos, ni de crier au scandale, mais de veiller toujours au respect et l'intégrité de cette justice universelle dont il est le fier et vaillant garant. Toutefois, comme tous les cavaliers, il est habité par une forme irrésistible de conquête et d'impulsivité. Afin de ne pas se desservir et continuer à rallier autrui à sa cause, le 62 sera alors le meilleur compagnon de route pour éviter certains écueils et heurts affectifs dans ce culte de la conquête. Il est important pour le Cavalier d'Épées de fédérer et faire véhiculer les bonnes idées autour de lui, encore faut-il qu'il maîtrise l'art et la manière de le faire afin de rester un fédérateur et non un fou furieux qui s'octroie des libertés et le droit de franchir certaines limites.

Aspects du 62 mis en lumière avec le Cavalier d'Épées: bataille des idées, justice, impétuosité, conflits, adversité.

Le 63 et la Reine d'Épées

Une main de fer dans un gant de velours... La Reine d'Épées ne fait pas dans la dentelle et pour cause... Elle veille avant tout sur l'intégrité du monde des idées et met un point d'honneur à ce que le verbe soit honoré dans la lumière de la vérité. Les messages qu'elle délivre sont toujours justes, même si tous ne sont pas toujours agréables à entendre, mais il en va du respect et de la dignité de notre être. Le 63 soutient les qualités maternelles et empathiques que met en évidence la résultante de l'addition de ces deux chiffres avec le 9, mais la Reine d'Épées nous dit bien que la vie attend de nous que nous soyons aguerris et matures dans nos comportements affectifs et émotionnels. Au-delà de mentir aux autres, il va de soi que le plus grand mensonge qu'on peut faire est à soi-même. Ainsi, l'importance d'être dans la vérité avec le 3 est de mise ; le 9 issu du 63 (6 + 3 = 9) nous parle de justice et de pudeur dans les émotions et sentiments pour rester lucides afin de ne pas nous éloigner de nos idéaux. Le plus important est d'aimer et d'être aimé pour ce qu'on est dans notre essence profonde et la Reine d'Épées recommanderait de détourner notre regard de ceux qui nous convoitent pour de mauvaises raisons. Votre quête spirituelle ne doit pas vous éloigner d'une certaine rationalité. La sensibilité est importante à condition que cela ne se transforme pas en sensiblerie. Le 63 et la Reine d'Épées vous accompagnent pour que vous preniez les meilleures décisions dans le calme et avec lucidité. Ce n'est qu'en étant capable de tempérer vos ardeurs que vous véhiculerez les bons messages.

Aspects du 63 mis en lumière avec la Reine d'Épées : vivacité d'esprit, vérité, équité, impartialité.

Le 64 et le Roi d'Épées

Il représente à lui seul le code moral et les valeurs déontologiques que chacun se doit de nourrir pour cheminer et construire sa vie dans un monde des idées et des pensées en cohérence. Mieux que personne, il connaît la droiture et la justice, car il a observé depuis toujours le fonctionnement des hommes en société et il connaît les mœurs et coutumes qui font fonctionner le monde en cohérence. Il a les idées claires et limpides et il doit cette force au compromis que lui apporte le 64 : être dans la juste mesure entre l'émotion (6) et la rationalité (4). C'est justement parce qu'il est parvenu à cet équilibre qu'il n'y a plus de confusion pour lui entre le mental et le brouhaha des émotions.

En ça, il se positionne alors en véritable leader, digne de confiance, car il peut inspirer et conseiller dans les règles de l'art. Il est l'autorité qui prévient le chaos, car il rappelle alors les principes éthiques, moraux et consensuels qui régissent toute chose. Il est donc tout à fait juste qu'il soit accompagné par le 64, comme toute figure d'autorité et charismatique, il est concerné de près et de loin par ceux qui l'entourent et se réfèrent à lui. La responsabilité du Roi d'Épées est considérable, car il est celui qui élève les consciences et qui peut donc inspirer tout un chacun à opter pour le comportement le plus juste et pragmatique face à n'importe quelle situation. Il permet ainsi à chacun de responsabiliser et redéfinir les règles et codes moraux qui assurent une sérénité pérenne dans le fonctionnement des sociétés humaines d'un point de vue microcosmique et macrocosmique. Sa vibration s'impose naturellement sans qu'il n'ait besoin d'élever la voix, car le calme olympien qui l'anime et la tempérance de ses émotions et sentiments font de lui une figure respectable par essence.

C'est aussi sous cet aspect que le 10, issu de l'addition du 6 et du 4, nous montre la force et l'empreinte de son leadership.

Aspects du 64 mis en lumière avec le Roi d'Épées : droiture, moralité, règles, déontologie, justice, mœurs et coutumes, charisme.

Les Deniers

Ils évoquent et représentent notre rapport à la vie matérielle, à l'argent et aux aspirations profondes ou l'idée qu'on se fait sur la question.
Ils viennent nous parler des moyens qu'on se donne pour construire l'édifice de notre vie et ce qu'on est capable de concrétiser dans la matière avec les résultantes des trois éléments précédents (les Bâtons, les Coupes et les Épées).
Ils mettent aussi souvent en évidence les héritages reçus, et qu'on décidera de léguer, et ce qu'il restera de nous...

As de Deniers

Avec le 1 et l'As de Deniers, on devient autonome financièrement et on se libère d'une croyance limitante par rapport à notre capacité à engranger des gains et la force qu'on peut aller chercher en soi pour découvrir de quoi nous sommes capables pour nous réaliser financièrement. Cette carte met aussi en évidence une forme de fierté en étant apte à mettre en place un projet dont la réussite fructueuse dépasse toutes nos espérances. On a désormais conscience de la valeur de l'argent, ce qui va alors permettre de nous libérer de la peur d'en manquer ou d'en perdre parce qu'on sait désormais qu'on pourra toujours compter sur nos ressources propres et uniques pour continuer à faire tourner la roue de notre propre fortune. Il peut également être question d'une bénédiction, d'un don de la Terre ordonné par le Ciel, mais dont nous avons l'entière responsabilité. Il conviendra de ne pas le gaspiller et de l'honorer comme on prendrait soin d'un trésor précieux.

Dans d'autres situations, cela pourra venir révéler que vous avez de l'or dans les mains et que votre don doit servir non seulement à vous, mais aussi au reste du monde.

Aspects du 1 mis en lumière avec les Deniers : responsabilité, envie de réussite, don de soi sur ordre divin.

Deux de Deniers

Si vous n'êtes pas un équilibriste dans l'âme, le 2 de Deniers va vous initier. Voici l'arcane qui nous invite à réfléchir sur cette fameuse question du temps qui passe trop vite et qu'il convient d'utiliser à bon escient. Il pose les principes de ce qu'il est possible de réaliser dans des délais impartis en fonction du degré d'importance qu'on accorde à une chose plutôt qu'à une autre. Cela révèle les occupations de notre quotidien, les obligations qui peuvent parfois nous mettre sous tensions car nos choix répondent trop souvent à ce qu'il est nécessaire d'exécuter et non à ce qui nous nourrit véritablement. On fait les choses machinalement parce que si cette carte pouvait parler, elle nous dirait effectivement que « le temps, c'est de l'argent », alors le 2 qui l'accompagne nous demande d'aller regarder à l'intérieur de notre cœur pour connaître le sens de nos priorités. Si cette carte parle du quotidien et des occupations afférentes à ce dernier, il est évidemment question une nouvelle fois de nos inquiétudes face à ce qu'on ne maîtrise pas ou qu'on n'aura pas le temps de faire, et c'est pour cela que le 2 nous met en émoi.

La question qui se pose est alors la suivante : quelle est la véritable priorité pour mon cœur, pour mon bien-être et ma quiétude émotionnelle indépendamment de tous les facteurs extérieurs ?

Aspects du 2 mis en lumière avec les Deniers : choix, capacité à renoncer, faire des choix de cœur.

Trois de Deniers

Si le 2 de Deniers a pu nous poser quelques problématiques quant à la façon de faire bon usage de notre temps, ici, pour le 3 de Deniers, la question ne se pose plus, car on œuvre davantage par plaisir plutôt que par devoir et on est entouré. Le vieil adage qui dit « seul on va vite, à plusieurs on va plus loin » prend ici tout son sens. Le 3 soulève la question de la camaraderie, de l'esprit de solidarité et des amis qui font partie de nos projets et sur lesquels on peut compter inconditionnellement. Le cercle socioprofessionnel est source de joie et de satisfaction, car le 3 facilite l'interaction et les échanges. On a des appuis parce qu'on est dans le partage et le don naturel de ce qu'on a de meilleur à offrir, ce qui valorise un travail de fond en équipe.

Il peut aussi être question de métier passion. Ici, on gagne sa vie mais on gagne aussi le cœur des gens grâce à nos dons et nos talents innés. Ces savoirs acquis se sont forgés avec le temps et notre savoir-faire n'est plus à prouver. On fait les choses naturellement, on ne voit pas le temps passer en s'adonnant à une passion qui sera communicative et qui pourra également devenir l'œuvre de tous à condition que chacun y ait contribué en mettant du cœur à l'ouvrage. Cette carte évoque également une certaine insouciance qu'on peut nourrir vis-à-vis du manque d'argent, car on arrivera toujours avec le 3 à trouver des opportunités, et surtout à s'en sortir en faisant valoir nos talents innés!

Aspects du 3 mis en lumière avec les Deniers: amitié, fraternité, plaisir, dons et talent.

Quatre de Deniers

Avec les Deniers, le 4 se présente sous l'un des aspects restrictifs de sa vibration. Il est souvent question de peurs, de manque ou de perte par rapport aux richesses matérielles, mais cela vient aussi soulever une problématique plus profonde : quel regard entretenons-nous sur la valeur de nos réussites et la manière dont nous y sommes parvenus ? On aura mis du temps et de l'énergie à bâtir et ériger tout un empire. On a peur de le voir s'effondrer du jour au lendemain et d'opérer le moindre changement qui pourrait compromettre un équilibre qui peut parfois être bien plus fragile qu'on ne le croit. Ce 4 bloqué dans la peur de perdre peut rendre paranoïaque et transformer les comportements, on construit pour accumuler des richesses et on perd le sens.

Si le 4 mise sur la sécurité depuis toujours, il va de soi qu'en la nourrissant par peur du manque on peut parfois s'autocondamner et courir à notre propre perte. C'est également sous cet aspect que le 4 du contrôle nous conseillerait alors de miser sur ce qu'on ne voit pas encore pour parvenir à la maîtrise. Lorsque le 4 fonctionne correctement, il nous parle de perfectionnement et de renfort dans ce qu'on possède et maîtrise déjà. On sait que le travail et la patience seront les meilleurs alliés pour récompenser nos efforts. C'est en perfectionnant nos gammes et en passant du contrôle à la maîtrise que l'on construira une véritable sécurité et qui sera pour le coup inébranlable.

Avec le 4 de Deniers, il est également important de choyer son foyer ou son petit chez-soi et se satisfaire de ce que l'on possède déjà. La richesse n'est pas dans la quantité mais dans la qualité et l'engagement pour assurer celle-ci.

Aspects du 4 mis en lumière avec les Deniers : rigidité, avarice, privation, prudence exacerbée, sécurité, possessions matérielles.

Cinq de Deniers

Voici la carte du tarot qui vient nous parler de misère, de mendicité et de cette sensation de vide démuni de toute substance existentielle, qui peut régner dans nos vies. Voilà qui pourrait surprendre que le 5 y soit associé, puisque d'ordinaire il nous parle plutôt de richesse, d'abondance et de diversité, mais ici, il vient mettre en évidence que nos énergies ne se sont pas trouvées à la bonne place et au bon endroit. On les a dilapidées et on n'a pas su les valoriser, ce qui cause aujourd'hui ce revers de fortune. Puisque le 5 est aussi habité par le caractère intempestif et éphémère de toute chose, il est également ici question d'avoir les prises de conscience qui s'imposent pour révolutionner sa condition. Ainsi, même si la misère est accablante, on sait qu'elle ne durera pas dans le temps, mais il faut changer d'attitude et on ne pourra pas refaire les mêmes erreurs, quel que soit le domaine de vie impacté par les pertes. Le 5 nous pousse alors à grandir face à cette situation et adopter les attitudes qui vont nous permettre de tabler sur de nouvelles richesses en prenant en compte de nouvelles valeurs. Avec le 5, si on a tout perdu brutalement, il ne tient pourtant qu'à vous de tout reconquérir du jour au lendemain. Vous semblez pouvoir vous sortir de cette situation, car tout est déjà présent autour de vous-même si vous ne l'avez pas encore remarqué.

Le 5 vous invite à vous interroger sur les changements, les actions inopportunes que vous avez provoquées pour en arriver là. Cette infortune n'est pas liée au hasard. Quels sont les changements malencontreux et autres comportements déroutants que vous avez cautionnés ? Sur quoi reposent ces décisions radicales initiées de votre propre chef ou de la part d'autrui ? Avez-vous songé que votre refus d'accepter l'abondance parce que vous vous êtes privé de donner a pu également causer une perte ?

Aspects du 5 mis en lumière avec les Deniers : brutalité, éphémère, délabrement, changement, remonter à la surface.

Six de Deniers

Le 6 étant le maître du culte de la famille et de la solidarité, il est dans son élément avec les Deniers, car il va avoir l'opportunité de partager à profusion avec ceux qui l'entourent. Ici, le 6 se présente sous son caractère généreux, et surtout dans le rôle de celui qui est aux petits soins avec ceux qui font partie de sa vie. Il y a dans la boucle du 6 le zéro qui représente la source du tout et qui s'apparente à un ventre maternel prêt à donner le meilleur aux siens. Compte tenu de la boucle du zéro dans la boucle du 6, on pourrait aussi y voir la main du Ciel qui vient en aide à celui qui en a besoin, en envoyant les bonnes personnes sur notre chemin au moment le plus opportun. Avec les Deniers, le 6 excelle alors dans sa manière de distribuer inconditionnellement.

Il le fait avec cœur et bonté, car il a appris la valeur des choses et de la solidarité. Cette carte illustre parfaitement le compromis entre le donner et le recevoir. On donne avec plaisir et sans rien attendre en retour, et cela procure autant de plaisir à celui qui donne qu'à celui qui reçoit. Puisque le 6 est généreux, il ne fait aucune distinction entre les classes sociales. Il donne avec cœur et, pour lui, ce qui compte est le plaisir d'offrir. Il n'attend pas non plus que l'autre soit dans le besoin ou la demande, puisque le 6 comprend et devine les émotions de ceux qui l'entourent sans même qu'ils n'aient besoin de les exprimer. Avec cette carte, vous allez comprendre les vertus de ce qui circule naturellement entre les âmes qui se reconnaissent au-delà des valeurs matérielles. Il y a aussi la générosité et la bonté d'âme de ceux qui ne se réalisent qu'en distribuant inconditionnellement autour d'eux.

Aspects du 6 mis en lumière avec les Deniers: générosité, solidarité, partage, dons, cadeaux, charité.

Sept de Deniers

Avec les Deniers, le 7 se présente sous l'aspect de la patience, de l'imprévisible mais aussi des réflexions profondes en lien avec la providence. Après une longue période d'efforts et de dur labeur, on espère que la récolte des efforts engagés sera à la hauteur de nos souhaits les plus profonds. Mais le 7, comme à son accoutumée, peut poser tourments et tracas. Ainsi, on se demande si on a bien fait ce qu'il fallait, comme il le fallait. Des doutes que nous n'avions pas hier peuvent surgir du jour au lendemain. Pour se rassurer, le 7 conseillerait alors de revenir à la raison en repensant et en considérant toutes les étapes d'un projet qu'il convenait d'envisager. Avons-nous écouté notre instinct et notre intuition et avons-nous su regarder si les feux étaient verts ou plutôt rouge-orangé ? À partir du moment où le 7 nous aura permis de retrouver raison et foi, alors de nouvelles dispositions affectives et émotionnelles pourront prendre place. Effectivement, cette carte avec la dimension mystique du 7 nous incite aussi à nous en remettre à la clémence de l'Univers. Une part providentielle considérable de ce qu'on estime mériter recevoir est liée aux desseins du Ciel. Il en va aussi de notre foi en nous et en l'Univers : ai-je fait les efforts qu'il fallait et ont-ils été perçus ? Est-ce que quelqu'un va répondre à mes prières et intercéder en ma faveur ? Si je me suis égaré, à quelle sauce les dieux vont-ils me manger ? Avec le 7, on ressasse et, même lorsqu'on n'est pas croyant, on se met à invoquer le Ciel, car le 7 sait que quelque chose nous échappe et la vie matérielle peut représenter des inquiétudes.

Aspects du 7 mis en lumière avec les Deniers : labeur, patience, foi, incertitudes, déceptions, cadeaux providentiels.

Huit de Deniers

Si vous aspirez à la gloire et à la réussite, le 8 de Deniers est la carte qui vous dit qu'il va falloir donner le meilleur de vous-même. Le 8 peut vous propulser dans sa force d'entrepreneuriat en forgeant votre volonté pour transformer la réalité de votre sphère de compétences mais aussi votre manière d'être et de voir les choses. C'est le 8 du pouvoir de transformation, du travail qu'on est capable d'accomplir dans la matière et sur soi pour atteindre un objectif et franchir un nouveau palier dans notre ascension à la fois matérielle et spirituelle. Cette carte vous interroge sur vos intentions en vous demandant ce que vous avez réellement «dans le ventre». Il faudra adopter une certaine ligne de conduite, qui repose sur la justesse et l'intégrité selon les principes du 8, pour atteindre nos objectifs. Cela est à portée de main en réalité et le 8 nous promet alors une belle ascension sociale, dans la réalité matérielle et spirituelle, si nous suivons ses préceptes. C'est en poursuivant nos objectifs matériels dans les règles de l'art qu'on s'élève spirituellement, car les efforts, le cœur à l'ouvrage et les sentiments qui nous animent pour atteindre ce que l'on souhaite sont nobles.

Votre quête servira non seulement votre cause, mais aussi celle des autres, et vous pouvez rendre justice et hommage à ceux qui vous entourent par la force de votre engagement. Cette carte indique également que la quête que vous poursuivez fait partie intégrante de votre destin et que vous êtes attendu au tournant par votre propre karma, car il est question ici de transformer quelque chose qui a pu être vécu comme un échec dans une ancienne incarnation que ce soit sur le plan social ou financier.

Aspects du 8 mis en lumière avec les Deniers: engagement, élévation, efforts, récompense, karma.

Neuf de Deniers

Voici la carte qui vient nous parler de récompenses, mais aussi et surtout d'accomplissement sur le plan spirituel. Il est question de consécration. On a atteint un but qui nous comble et qui vient nourrir tous les aspects de notre vie. En réalité, la réussite matérielle passerait même au second plan, elle n'est que la conséquence heureuse des nobles intentions de votre âme. Ce qui nous satisfait réellement, c'est la façon dont nous avons cheminé et, puisque le 9 parle d'aboutissements, il y a forcément eu des étapes et ce sont ces dernières qui portent encore en elles la saveur de la victoire. C'est la carte du sanctuaire intérieur qui a mené à un havre de paix et de réalisation personnelle. On est fier de la réussite, mais surtout du chemin emprunté et des valeurs qui ont forgé cette victoire. La véritable récompense du 9 se dessine sous le sceau de la félicité. Il n'y a plus rien à convoiter, il suffit de profiter avec satisfaction et humilité. On peut désormais se reposer sur cette gloire amplement méritée et être dans l'appréciation savoureuse de l'instant présent.

C'est parce qu'on a réussi à se réaliser sur tous les plans qu'on va désormais pouvoir partager cela avec le reste du monde, mais avant, le 9, comme nous l'avait déjà expliqué l'Hermite, a besoin de revenir à lui le temps de quelques instants pour savourer cette récompense hautement méritée.

Aspects du 9 mis en lumière avec les Deniers: consécration, félicité, aboutissement, récompense, réalisation de l'âme.

Dix de Deniers

Si cette carte symbolise la richesse absolue et l'abondance par excellence, ce n'est pas pour rien que le 10 l'accompagne dans la série des Deniers. En réalité, si le 10 tient la main aux Deniers, c'est parce qu'il vient délivrer un message important sur la capacité à croire en son propre potentiel et se réaliser avec force et conviction. On le sait : quand le zéro accompagne un autre nombre, il amplifie et intensifie sa vibration. Ici, les victoires et les réussites qui se sont matérialisées ne doivent leur salut qu'à une seule personne : leur créateur qui a su donner le meilleur de lui-même et respecter son identité profonde sur tous les plans. Avec cette carte, on a accès à une richesse que l'on n'aura désormais plus jamais peur de perdre, car on a réussi à trouver la clef qui menait à un trésor inestimable : celui de l'estime et la connaissance parfaite de notre valeur personnelle en reliance avec la vision la plus haute et la plus vénérable de la réussite parfaite. On ne fait plus qu'un avec la réussite matérielle mais aussi spirituelle dans la cohérence des grands desseins de notre destinée. On se réalise, car on a trouvé le seul et unique mode d'emploi : la clef de toute réussite réside en notre capacité à nous accomplir selon les caractéristiques brutes, singulières et authentiques de l'identité de notre âme. Ainsi, le succès que l'on crée est au diapason de l'unité suprême. Il est destiné à être partagé et c'est aussi en cela qu'il prend tout son essor, car il y a l'idée de la transmission de quelque chose qu'on aura laissé intact et qui perdurera à la mémoire du créateur, du mentor, de la figure de force et de courage qui l'incarne. Le vieil adage « un pour tous, tous pour un » prend tout son sens avec le 10 de denier. Cette carte parle aussi d'un modèle inspirant qui peut susciter admiration et respect chez autrui, mais elle pose aussi la question suivante : s'il ne devait rester qu'une seule chose de vous aux yeux du monde, de quelle richesse voudriez-vous être gratifié ?

Aspects du 10 mis en lumière avec les Deniers : bonté d'âme, unité, réussite parfaite, transmission.

Le 75 et le Valet de Deniers

À l'aurore d'un nouveau projet, la curiosité et la soif de découverte font du Valet de Deniers un excellent candidat pour développer un savoir-faire mais aussi un savoir-être pour réaliser ses rêves et transformer toutes les potentialités qui sommeillent en lui. Sa candeur et son innocence vont de pair avec le 75. S'il se fascine pour la beauté et l'envie de la voir fructifier en toute chose, il n'en reste pas moins que la vie lui demande de rester à la fois vrai et aguerri pour ne pas tomber dans les pièges de la naïveté et pour éviter certains écueils. Sa candeur et son émerveillement face à la genèse de toute chose représentent les atouts qui lui donneront l'envie de se donner les moyens d'acquérir les trésors dont il aura besoin pour valoriser les richesses de la vie matérielle. Loin de vouloir le décourager, le 75 va alors l'accompagner, car il est à la genèse d'un nouveau projet : tout en préservant cette pureté, qui donne à son approche un certain charme, il doit se montrer opportuniste envers la vie et saisir les perches qu'elle lui tend. C'est donc grâce au 7 qu'il va pouvoir réfléchir à ce qu'il souhaite vraiment sans se disperser. Ce 7 va également venir parler des apprentissages que le Valet de Deniers va devoir faire de la vie, et ce, en toute liberté, mais aussi avec une certaine discipline conseillée par le 5 pour éviter toute dispersion. Ainsi, le 75 soutient les ambitions du Valet de Deniers en l'invitant à garder une certaine sérénité face à l'inconnu. Dès lors qu'il saura se montrer méritant et sérieux, il pourra même attirer la chance à lui, un peu à l'image de la chance du débutant, mais il lui faudra mettre les meilleurs moyens qui seront à sa disposition pour la préserver. Si on fait un pari financier pour miser sur l'avenir, le 75 préconisera alors au Valet de Deniers de s'informer et de ne rien laisser au hasard.

Aspects du 75 mis en lumière avec le Valet de Deniers : candeur, espoir, naïveté, stratégie de croissance, émerveillement, genèse.

Le 76 et le Cavalier de Deniers

Si les cavaliers sont par nature conquérants, le Cavalier de Deniers n'en reste pas moins méthodique et pragmatique. Sa détermination est sans faille, car il poursuit un objectif sur le long terme. Sa régularité et son opiniâtreté façonnent la qualité de ses engagements et font de lui une personne fiable qui saura tenir ses promesses. Dans sa quête, le 76 qui l'accompagne donne alors un sens résolument pertinent à ses ambitions, puisque le 7 vient ici révéler qu'il lui faudra échafauder les meilleurs plans pour l'avenir, faire appel à son inspiration et suivre une ligne de conduite bien précise par rapport à ses idées. Le 6 du 76 parle des responsabilités qu'il est capable d'assumer et de son engagement avec foi et conviction dans des projets au service de son destin et de celui de ceux qui l'entourent. Il est même question pour lui d'attirer, sans le chercher, une certaine reconnaissance et gratitude des siens par rapport à cette ligne de conduite. Le 4 issu de l'addition du 7 et du 6 vient renforcer le caractère moral et la teneur dans ce qu'il entreprend. Avec confiance et foi (7), il n'hésitera pas à revenir sur ce qu'il n'a pas bien compris ou intégré, car il a besoin de construire avec force et prudence. En réalité, on comprend qu'il maîtrise parfaitement les contingences matérielles, car il dompte le temps. Il en fait même l'atout majeur de sa réussite, car il n'a pas la notion de l'effort. Il poursuit son but avec abnégation et ne craint pas le temps qui passe, bien au contraire, car il voit loin et pour lui les étapes forgent les vertus de la persévérance. Le résultat qui se profile à l'horizon est sa seule motivation, même si cet horizon semble lointain.

Aspects du 76 mis en lumière avec le Cavalier de Deniers : persévérance, pratique, méthode, force, opiniâtreté, intuition, sens des responsabilités.

Le 77 et la Reine de Deniers

Les pensées et motivations profondes de la Reine de Deniers se tournent aussi bien sur le confort matériel et le soin des siens que sur le bien-être psychique. C'est en ce sens que le 77 occupe une place de taille à ses côtés. Elle a l'instinct maternel et sait exactement ce qu'il faut faire. Elle sait anticiper les besoins de ceux qui l'entourent sans même qu'ils n'aient besoin de formuler la moindre demande. Puisque le 7 parle souvent aussi du monde intérieur, il n'est pas rare de l'assimiler à l'habitat, au cocon et à ce côté, cet aspect de culture du monde intérieur qui palpite en nous. Elle a un raisonnement éclairé qui lui permet d'aller vite, car le 77 est un maître nombre et il explique que le mode de pensées est bien aspecté. De plus, l'addition des deux donne naissance au 5 : alors on est libre, et les réflexions et idées ne prennent pas une éternité, mais vont droit au but pour se libérer des pensées parasites. C'est en cela que la Reine de Deniers peut être d'excellent conseil pour régler une question qui demande sens pratique et débrouillardise. Sur le plan affectif, elle est aimante mais très indépendante, prévient de la dépendance affective et invite à réfléchir aux véritables motivations qui vous attachent ou lient autrui à votre cœur. Le 5 montre qu'elle ne s'encombre de rien, car elle a une maîtrise parfaite de ce à quoi il faut penser et ancrer dans la matière. Elle a appris à se défaire de la torture mentale. Mieux que personne, elle comprend que tout se résout et se déroule dans l'instant présent. Le 7 et le 5 étant attachés à l'instant présent, elle est également garante avec ce nombre d'un optimisme en de meilleurs lendemains non seulement parce qu'elle sait ce qu'il faudra ici et maintenant, mais aussi parce qu'elle a une longueur d'avance sur l'avenir. On lui prête également une certaine élégance et une beauté mystique, car ce qu'elle représente et confectionne jaillit comme par enchantement de la terre et de la nature. En cela également, le 7 est très pertinent et le 5 aussi de par sa valeur prolifique.

Aspects du 77 mis en lumière avec la Reine de Deniers: prévoyance, sagacité, confiance, conseil, psyché, richesses multiples.

Le 78 et le Roi de Deniers

Le Roi de Deniers a réussi à bâtir un vaste empire à l'abri de tout tracas matériel et émotionnel, car il a construit sa richesse et son abondance en cohérence avec les plus hautes instances de l'équilibre. Cette perspective a forgé les valeurs de sa spiritualité, le 7 et le 8 étant deux chiffres hautement spirituels. C'est bien ce que nous démontre le 78 : il a su conjuguer le principe du monde des idées et des concepts qu'il a su matérialiser (7) à celui du grand pouvoir qui lui était conféré (8). On devine ici que ce pouvoir a été exploité avec équilibre et à bon escient, ce qui lui a ainsi permis de se réaliser intellectuellement mais aussi financièrement. La part intuitive du 7 a su lui faire saisir de belles opportunités et se fier à son instinct pour aller de l'avant. En outre, le 6, issu de l'addition généreuse du 7 et du 8 (7 + 8 = 15 ; 1 + 5 = 6), indique qu'il récolte dans la perspective de partager et de faire le bien autour de lui. Pour lui, la richesse ne s'arrête pas aux possessions matérielles, elle vibre également sur le plaisir de partager. Si ses hautes ambitions poussées par le 8 ont su trouver un équilibre dans la voie de la consécration matérielle et spirituelle, son 7 n'en reste pas moins humble quant à la nature et les ressources que la vie lui propose. En effet, le Roi de Deniers a bien compris que l'abondance que la vie offre à tout un chacun est destinée à être exploitée avec harmonie et il est le garant du soin qu'il saura prendre de cette nature et de ses ressources. Le succès rencontré ne lui a jamais fait perdre de vue le rôle et la contribution de chacun qu'il aura su valoriser pour fortifier son empire. La reconnaissance et la générosité donnent au 78 une place d'honneur auprès du Roi de Deniers qui est également gouverné par une belle protection.

Aspects du 78 mis en lumière avec le Roi de Deniers : grandes idées, réussite matérielle, spiritualité ancrée, richesse, partage, protection.

À propos de l'auteure

Alexandra Gabriel est médium et numérologue. Elle participe régulièrement à des émissions sur la spiritualité et la science des nombres, propose des formations, des interventions en entreprise ainsi que des consultations de numérologie *via* son site Internet. Elle est l'auteure des livres *Se relier aux astres et aux nombres pour faire les bons choix de vie*, *La Numérologie amoureuse*, *Mon Chemin d'âme sur Terre avec la numérologie*, *Les Mandats d'âmes célestes avec la numérologie*, *Les Missions d'âmes dans l'au-delà* et *Mon Journal de numérologie*, ainsi que du *Pocket Oracle de la numérologie* et du *Petit Oracle de madame et de monsieur* chez le même éditeur.

Desplumesetdesnombres.com
@des_plumes_et_des_nombres

À propos de l'illustratrice

Graphiste et illustratrice, **Marion Blanc** a un univers onirique dans lequel elle aime représenter le féminin et la nature avec de la douceur, mais aime aussi traiter toutes sortes de sujets. Elle essaie de faire passer des émotions à travers son travail, et de toujours apporter une touche de sensibilité. Elle accorde une grande importance au choix des couleurs dans ses créations.

www.behance.net/marionblanc
@marionblanc_illustration

pca
cmb
édition pré-presse
livres numériques

44400 Rezé